Pasta
AUS DER NUDELMASCHINE

Pasta

aus der Nudelmaschine

Gina Steer

KÖNEMANN

This book was designed and produced by
Quintet Publishing Limited
6 Blundell Street
London N7 9BH

Originaltitel: The Pasta Machine Cookbook

Könemann Verlagsgesellschaft mbH
Bonner Straße 126, D-50968 Köln
Redaktion, Lektorat und Satz der deutschen Ausgabe:
Daniela Kumor, Köln
Übersetzung aus dem Englischen:
Angelika Feilhauer, Ravensburg
Druck und Bindung: Star Standard Pte. Ind.
Printed in Singapore
ISBN 3-8290-0557-1

10 9 8 7 6 5 4 3 2 1

Bildnachweis
Life File: S. 7, 19, 28, 40, 59, 76, 93;
Peter Wilson: S. 105, 121.

Danksagung
Der Verlag dankt der Firma O.M.C. MARCATO
für die Bereitstellung der Matrizenmaschine Atlas Regina,
abgebildet auf den Seiten 8 und 25.

INHALT

EINFÜHRUNG

Für mich gibt es im Leben nichts Vergnüglicheres als Essen. Sicher werden mir die meisten Leser beipflichten. Eines der wunderbarsten und vielseitigsten Nahrungsmittel ist Pasta. Ursprünglich in Italien heimisch, erfreut sie sich heute auf der ganzen Welt großer Beliebtheit. Aus einfachen Faden- und Bandnudeln haben sich im Laufe der Jahre zahlreiche unterschiedliche Formen mit vielfältigen Farben und Aromen entwickelt, die auch dem anspruchsvollsten Genießer größte Gaumenfreuden bereiten.

Grundsätzlich unterscheidet man zwei Pasta-Typen: Pasta aus Mehl und Wasser und Pasta aus Mehl und Eiern. Zum ersten Pasta-Typ, der aus dem sehr kleberreichen Durumweizen gemacht wird, gehören die berühmten Spaghetti und Röhrennudeln wie Rigatoni, aber auch viele andere Formen, zu denen kräftige, pikante Saucen gereicht werden.

Die Eiernudeln werden aus normalem Mehl und Ei hergestellt. Manche Köche behaupten allerdings, daß für beide Pasta-Typen Durumweizenmehl verwendet werden muß, und in manchen Gegenden Italiens fügt man zudem noch Olivenöl und Salz hinzu. Mit Ei hergestellte Pasta nimmt Saucen viel besser auf als Pasta aus Wasser und Mehl. Deshalb eignet sie sich gut für mit Ei, Butter und Sahne zubereitete Saucen. Da Eiernudeln fein und zart sind, ist es wichtig, daß der Teig während der Zubereitung und Verarbeitung warm gehalten wird. Zur Lagerung läßt man sie vollständig trocknen und bewahrt sie bei Raumtemperatur in Gläsern auf.

Obwohl heute industriell hergestellte Pasta in vielfältigen Formen erhältlich ist, bereiten viele Köchinnen und Köche sie dennoch gern selbst zu, denn nichts geht über den Geschmack und die Konsistenz hausgemachter Pasta. Wer eine Nudelmaschine besitzt, erspart sich bei der Herstellung viele Mühen. Nudelmaschinen sind einfach zu bedienen, und wenn Sie einmal die Grundtechnik beherrschen, können Sie mit sehr geringem Aufwand die köstlichsten Pasta-Gerichte zubereiten.

Außer einer Nudelmaschine braucht man zur Pasta-Herstellung daheim noch ein paar andere Utensilien (siehe Seite 9), die im Fachhandel und in gutsortierten Kaufhäusern erhältlich sind. Wahrscheinlich finden sich die meisten Gerätschaften sowieso bereits in Ihrer Küche.

Es gibt einige einfache Techniken, die bei der Pasta-Herstellung für gutes Gelingen unverzichtbar sind. Wenn Sie sie genau befolgen, ist ein herrliches Pasta-Gericht garantiert.

ERSTES KAPITEL

PASTA-KNOW-HOW

Bevor es richtig losgeht, sollten Sie die Bedienung Ihrer Nudelmaschine kennen und alle notwendigen Utensilien zur Hand haben. In diesem Kapitel erfahren Sie alles Wissenswerte zur Pasta-Herstellung. Ausserdem finden Sie eine Übersicht über die wichtigsten Zutaten, die Sie zur Zubereitung leckerer Pasta-Gerichte brauchen.

NUDELMASCHINEN

Wenn Sie Ihre Nudelmaschine zum ersten Mal benutzen, erwarten Sie bitte keine perfekten Ergebnisse. Wie immer im Leben macht auch hier Übung den Meister. Die Resultate werden jedoch der Mühe gerecht.

Das Angebot an Nudelmaschinen ist vielfältig. Einige rollen den Nudelteig einfach aus und schneiden ihn in Streifen unterschiedlicher Breite. Für diese Maschinen sind Zusatzteile erhältlich, mit denen auch Ravioli oder Cannelloni hergestellt werden können. Andere Nudelmaschinen kneten den Teig sogar und haben zahlreiches Zubehör, um neben Bandnudeln und Ravioli viele andere Nudeln herzustellen. Manche arbeiten elektrisch, andere werden von Hand bedient. Immer ist es jedoch wichtig, vor der ersten Inbetriebnahme die Gebrauchsanweisung gründlich zu lesen, da jedes Gerät etwas anders funktioniert. In diesem Buch werden die wichtigsten Typen vorgestellt, die im Fachhandel erhältlich sind. Sie erhalten nun alle Informationen, um perfekte Pasta herstellen zu können, mit welchem Gerät Sie auch arbeiten.

GERÄTE MIT HANDBEDIENUNG

Vor der ersten Inbetriebnahme reiben Sie die Maschine sorgfältig mit einem sauberen Tuch ab, um eventuelle Ölreste zu entfernen. Auch nach Gebrauch reinigen Sie die Maschine mit einem sauberen, weichen, trockenen Tuch oder mit einer weichen Bürste. Maschinen, die den Teig rollen und schneiden, dürfen **nie** mit Spülmittel oder Wasser gereinigt werden, da sie sonst nicht mehr funktionieren. Falls Teigreste an der Maschine angetrocknet sind, klopft man sie behutsam ab. **Vorsicht** beim Hantieren mit dem Schneidwerk. Es handelt sich um ein separates Teil, das sich lösen kann. Vor dem Reinigen sollte es deshalb herausgenommen werden.

Schieben Sie nie Messer oder spitze Gegenstände zwischen die Walzen. Falls das Schneidwerk schwer läuft, können die Enden gelegentlich mit etwas Öl geschmiert werden.

UNTEN Diese von Hand betriebene Matrizenmaschine kann unterschiedliche Pasta formen.

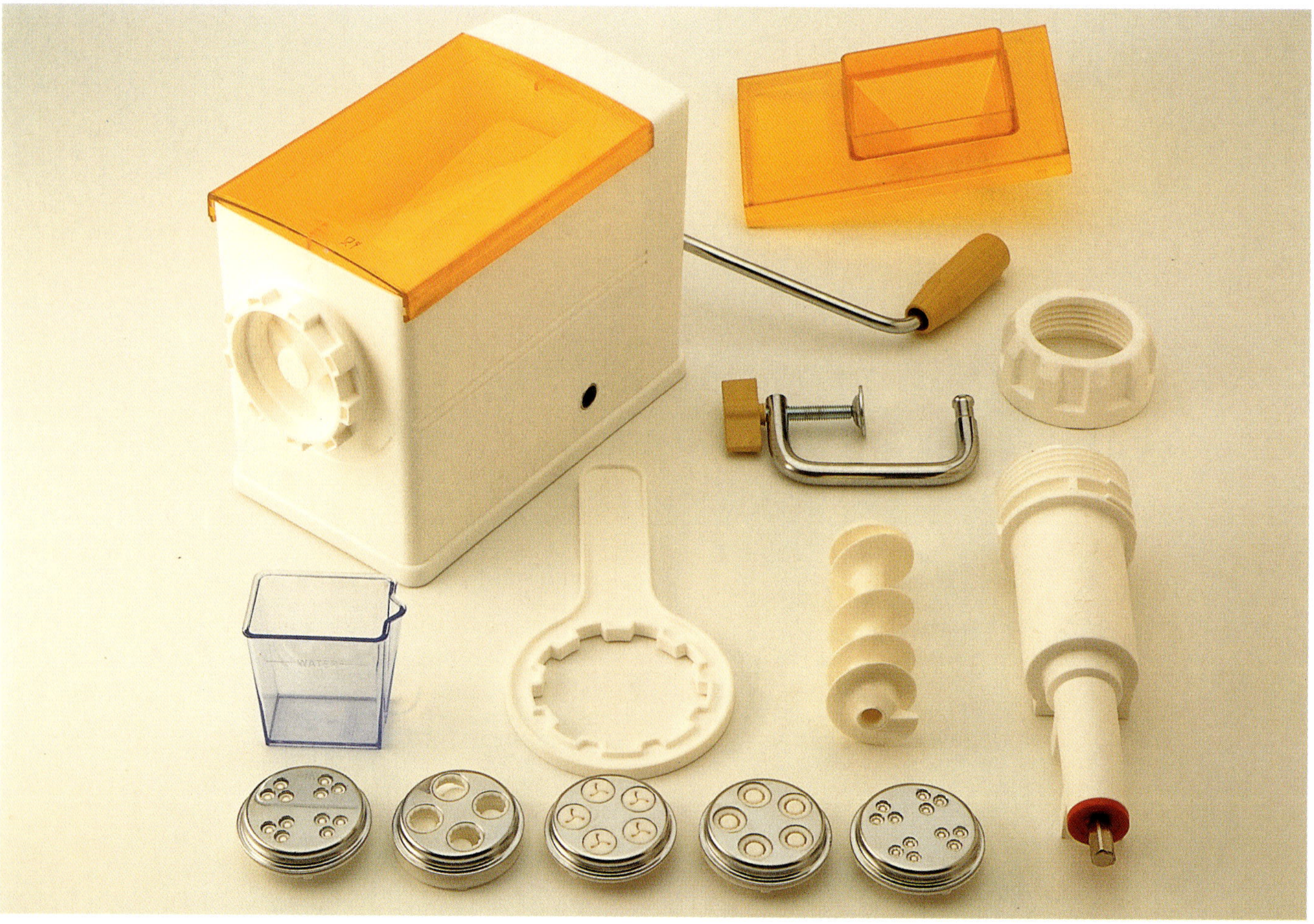

Elektrische Maschinen

Vor dem ersten Gebrauch eines elektrischen Geräts sollten Sie **die Gebrauchsanweisung lesen.** Achten Sie beim Auspacken darauf, daß alle Teile vollzählig sind. Die Maschine sollte nicht von Kindern benutzt werden, und denken Sie daran, stets den Stecker zu ziehen, wenn das Gerät nicht in Gebrauch ist bzw. gereinigt oder repariert wird.

Versuchen Sie **nie,** die Matrize zu entfernen, während die Maschine läuft. Eine Sicherheitsvorrichtung sorgt dafür, daß die Maschine nicht arbeitet, wenn der Deckel entfernt wurde. Es ist also wichtig, daß das Gerät vor dem Gebrauch richtig zusammengebaut wird.

Nach Gebrauch muß die Maschine gründlich gereinigt werden. Säubern Sie alle Teile, die mit Nahrungsmitteln in Berührung gekommen sind.

Achten Sie darauf, daß die Maschine einen Thermostat besitzt, der sie bei Überhitzung automatisch abschaltet. In der Regel läßt sie sich nach 15–20 Min. wieder einschalten. Wenn das Gerät länger als 25 Min. in Betrieb war, schaltet es sich möglicherweise selbständig aus.

Wenn Matrizen verwendet werden, legt man diese vor dem Einsetzen in heißes Wasser und trocknet sie dann sorgfältig ab. Um sie nach Gebrauch zu reinigen, legt man sie wiederum einige Minuten in heißes Seifenwasser und entfernt dann mit einer harten Bürste alle Lebensmittelreste. Anschließend trocknet man sie gut ab.

Wenn der Teig in der Maschine hergestellt wird, müssen die richtigen Mengen Mehl und Flüssigkeit verwendet werden (**das entsprechende Rezept findet sich in der Gebrauchsanweisung**). Der Schieber muß während der Teigherstellung stets in der Maschine bleiben, und die Mischung sollte weder zu naß noch zu trocken sein. Die ersten Nudeln können unregelmäßig geformt sein, weil das Gerät noch nicht warmgelaufen ist.

UNTEN Eine elektrische Nudelmaschine.

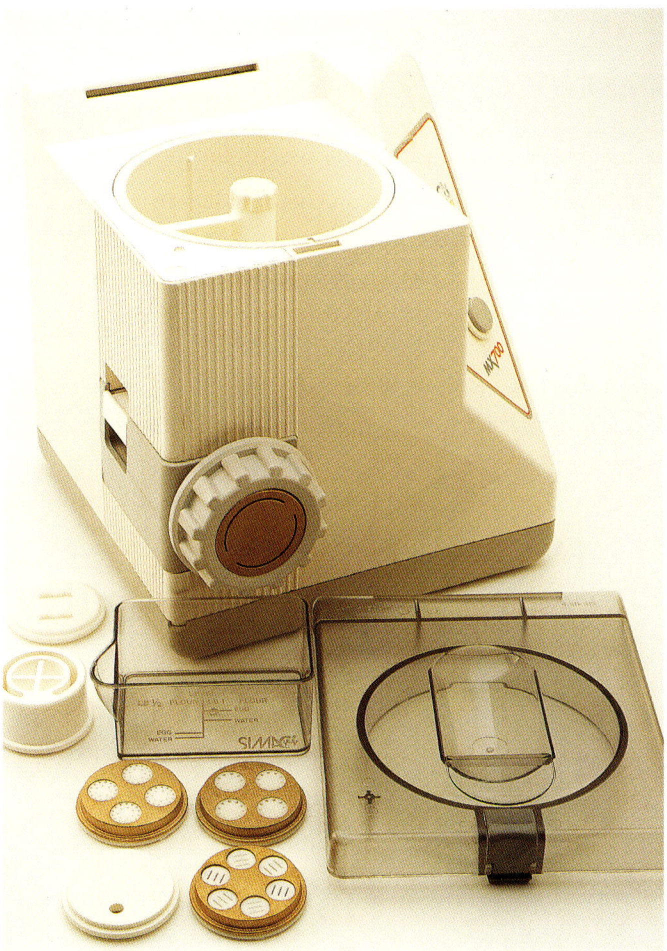

Weitere Küchenutensilien

Der **Teigschaber** aus Kunststoff oder Metall eignet sich ideal dazu, den klebrigen Teig von der Arbeitsfläche zu schaben, bevor er geknetet und ausgerollt wird.

Mit der **Gabel** werden Mehl und Eier gemischt, um den Teig herzustellen.

Ein **geriffeltes Butterbrettchen** wird verwendet, um geriffelte Nudeln herzustellen. Röhrennudeln formt man mit einem Holzstift oder Holzdübel.

Mit dem **Teigrädchen** werden Ravioli geschnitten, sofern die Nudelmaschine nicht über ein entsprechendes Zubehör verfügt. Es dient auch zum Schneiden von Lasagneplatten.

Keksausstecher mit geraden oder geriffelten Rändern nimmt man zum Ausstechen von ausgerolltem Teig, etwa bei der Tortelloni-Herstellung.

Ein **Küchenmesser** dient zum Schneiden, Hacken usw.

Ein **großer Topf** ist erforderlich, da Pasta in reichlich kochendem Salzwasser gegart werden muß.

Ein **Durchschlag** eignet sich ideal zum Abgießen gegarter Pasta. Gefüllte Pasta kann auch mit einem Schaumlöffel herausgehoben werden.

Auf **Geschirrhandtüchern** trocknet man ungefüllte oder gefüllte Pasta vor dem Garen.

Mit **Klarsichtfolie** wird der vorbereitete Pasta-Teig eingewickelt, damit er vor dem Füllen nicht austrocknet.

Eine **Küchenmaschine** kann zur Herstellung des Teigs benutzt werden; der Teig muß aber dennoch geknetet werden.

Pasta-Formen

Pasta gibt es in so vielen verschiedenen Formen, Farben und Aromen, daß sämtliche Typen, die innerhalb und außerhalb Italiens produziert werden, ein ganzes Buch füllen würden. Viele Sorten tragen zudem in den einzelnen Regionen Italiens unterschiedliche Namen. In der folgenden Übersicht finden Sie die bekanntesten Nudeln, darunter solche, die sich leicht in der Nudelmaschine herstellen oder aus dem ausgerollten Teig von Hand formen lassen.

Fadennudeln und Bandnudeln

Die bekanntesten Vertreter dieser Gruppe sind Spaghetti, Fettuccine und Tagliatelle. Zu diesen Nudeln werden meistens Saucen gereicht, die aus stark zerkleinerten Zutaten bestehen, damit sie beim Aufrollen mit der Gabel an den Nudeln haften bleiben. Natürlich kann diese Regel auch gebrochen werden.

Fadennudeln

Capelli d'angelo (1) – sehr dünne Fadennudeln, die fein und zart wirken. Sie eignen sich ideal für Suppen und zur Zubereitung von Desserts.

Spaghetti (2) – bekanntester Nudeltyp, der in zahlreichen Farben erhältlich ist.

Spaghettini (3) – die Verkleinerungsform »ini« verdeutlicht, daß diese Nudeln dünner als normale Spaghetti sind.

Bandnudeln

Fettuccine (4) – mit 5 mm Breite schmaler als Tagliatelle. Perfekt für Vorspeisen und Hauptgerichte.

Pappardelle (5) – etwa 2 cm breite Bandnudeln.

Tagliatelle (6) – etwa 8 mm breit. Der Name leitet sich von dem italienischen Wort *tagliare* »schneiden« ab. Ideal für gehaltvolle Fleischsaucen.

Taglioni (7) – sehr schmale Bandnudeln von etwa 2 mm Breite.

Weitere Nudelformen

Es gibt eine enorme Vielfalt an Nudelformen. Sie sprechen nicht nur das Auge an, sondern nehmen auch die mit ihnen servierte Sauce gut auf. So wird das Eßvergnügen im doppelten Sinne gesteigert. Es folgen die beliebtesten Formen, die mit der Nudelmaschine hergestellt werden können.

Brandelle (8) – unregelmäßige, gerissene kleine Pastateigstücke.

Farfalle (9) – Nudeln in Form von Schmetterlingen.

Fusilli (10) – spiralförmige Nudeln.

Garganelli (11) – Röhrennudeln mit meist unregelmäßigen Rändern, traditionell von Hand hergestellt.

Maccaroni (12) – glatte Röhrennudeln.

Maltagliati – unregelmäßige Teigstücke, mit dem Teigrädchen geschnitten.

Orecchiette (13) – oder »Öhrchen«.

Penne (14) – von Hand schwer herzustellen, sofern die Nudelmaschine nicht eine entsprechende Matrize besitzt. Ein guter Ersatz für Penne sind Garganelli, die sich leichter und schneller von Hand formen lassen. Sie sehen fast genauso aus, nur etwas unregelmäßiger.

Rigatoni (15) – Röhrennudeln, die wie große, geriffelte Maccaroni aussehen. Gut geeignet für im Ofen gegarte Gerichte.

1

2

3

4

5

6

7

8

9

10

11

12

13

14

15

Gefüllte Nudeln

Zu den gefüllten Pasta-Sorten gehören Cannelloni, Lasagne, Ravioli und Tortelloni.

Cannelloni – Lasagneplatten, die um eine Füllung aufgerollt, mit Sauce übergossen und im Backofen gegart werden. Sie können maschinell oder von Hand hergestellt werden.

Lasagne – flache Teigplatten von etwa 13 cm Breite. Sie werden mit Fleisch-, Fisch- oder Gemüsesauce geschichtet und mit Käse bestreut im Backofen gegart.

Ravioli – kleine Quadrate, die unterschiedliche Füllungen enthalten können und in einer Sauce serviert werden (zur Herstellung siehe Seite 24). Sie können in der Nudelmaschine oder von Hand hergestellt werden.

Tortelloni – ähnlich wie Ravioli, oft mit Spinat und Ricotta gefüllt. Sie können auch runden Cappelletti ähneln.

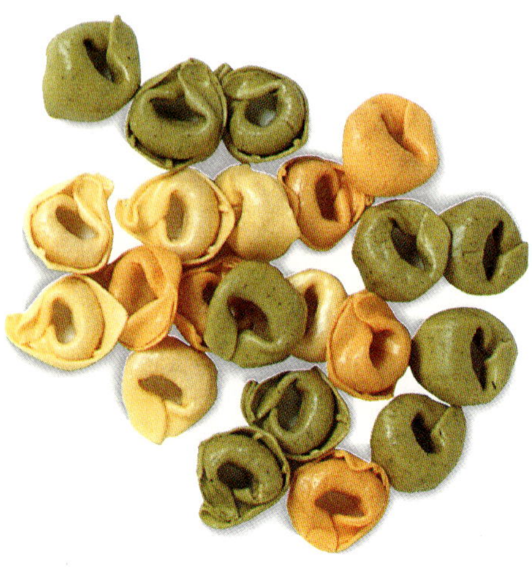

Gefärbte und aromatisierte Pasta

Gefärbte und aromatisierte Pasta ist außerhalb Italiens, wo man meist nur rote Tomaten-Pasta und grüne Spinat-Pasta *(pasta verde)* findet, beliebter. Gefärbte oder aromatisierte Pasta ist reizvoll und läßt sich einfach herstellen (Rezepte siehe Seite 94–104).

Grün – Spinat-Pasta – auch als *pasta verde* bekannt. Wird mit feingehacktem Spinat hergestellt. Mit der Nudelmaschine ausgerollt wird die Färbung sehr gleichmäßig.

Orange/Rot – Tomaten-Pasta – erhält ihre Farbe durch Tomatenmark.

Gelb – Safran-Pasta – dem Teig Safranfäden zugeben.

Braun – Pilz-Pasta – dem Teig eingeweichte und feingehackte Trockenpilze zufügen.

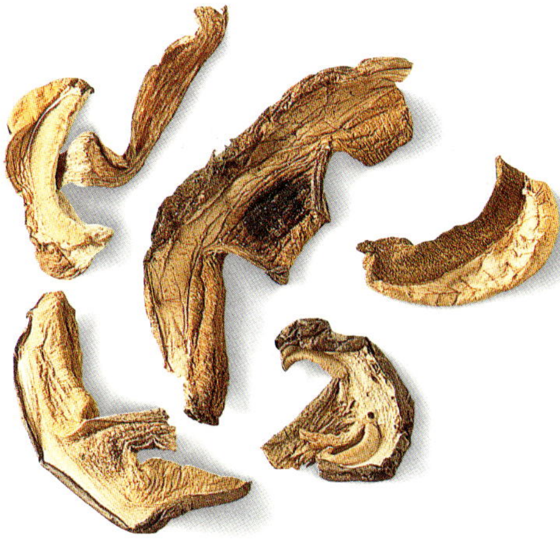

Schwarz – Tintenfischtinte unter den Teig mischen.

Rot – Rote-Bete-Pasta – durch Zugabe von roter Bete.

Braun – Schokoladen-Pasta – entsteht durch Zufügen von Blockschokolade oder Kakaopulver.

Kräuter-Pasta – feingehackte frische Kräuter zufügen.

Zitrus-Pasta – frisch abgeriebene Schale von unbehandelten Zitronen, Limetten und/oder Orangen zugeben.

DIE SPEISEKAMMER

Einige Lebensmittel sind untrennbar mit Pasta-Gerichten verbunden. Die wichtigsten Zutaten, die in diesem Buch immer wieder auftauchen, sind auf den folgenden Seiten aufgelistet und nötigenfalls mit einfachen Erklärungen versehen.

ESSIG UND ÖL

Natives Olivenöl extra Das feinste aller Öle hat eine blaßgrüne bis tiefgelbe Farbe, die vom Anbaugebiet und den verwendeten Oliven abhängt. Es wird bei der ersten Pressung der Oliven gewonnen. Man verwendet es für Salat-Dressings und nicht für Saucen, da es beim Erhitzen sein feines Aroma verlieren kann.

Natives Olivenöl Das ebenfalls gute Öl hat jedoch nicht ganz das Aroma und den Duft von nativem Olivenöl extra. Es eignet sich gut für Dressings und Saucen, die keinen kräftigen Geschmack haben und nur kurz erhitzt werden, so daß das Aroma des Öls erhalten bleibt.

Reines Olivenöl Der Verschnitt aus raffiniertem und nativem Olivenöl ist am preiswertesten. Es eignet sich gut zum Kochen, da sein Geschmack dezenter ist und nicht mit den anderen Zutaten konkurriert.

Balsamessig *(Aceto balsamico)* Der König unter den Essigen, der bis zu 50 Jahre in Eichenfässern reift, sollte sparsam verwendet werden, da sein feines, volles Aroma intensiv ist.

SCHINKEN

Pancetta Der luftgetrocknete italienische Schinken, dem Kräuter zugefügt wurden, kann durch mageren geräucherten Frühstücksspeck ersetzt werden.

Parmaschinken Der luftgetrocknete Schinken mit typischem Aroma wird gewöhnlich hauchdünn geschnitten verkauft. Sein Fett eignet sich gut für Saucen.

Prosciutto Der gesalzene, luftgetrocknete Schinken ist ein Jahr gereift und kann als Ersatz für Parmaschinken dienen.

KÄSE

OBEN Käse ist eine wichtige Zutat für viele Pasta-Gerichte.

Parmesan/Parmigiano Reggiano Nur in der norditalienischen Provinz Reggio Emilia hergestellter Parmesan darf Parmigiano Reggiano genannt werden. Dieser Kuhmilchkäse hat einen körnigen Teig und einen intensiven Geschmack. Am besten kauft man ihn am Stück und reibt ihn bei Bedarf. In Alufolie eingewickelt und im Kühlschrank aufbewahrt hält er sich monatelang.

Pecorino Romano Der Schafsmilchkäse reift ein Jahr lang und wird vor allem zum Reiben benutzt. Er hat einen kräftigeren Geschmack als Parmesan.

Ricotta Der Weichkäse eignet sich ideal zum Binden und wird für Pasta-Füllungen verwendet. Er kann aus Kuh-, Ziegen- oder Schafsmilch hergestellt sein. Kalorienbewußte Leser können fettarmen Ricotta kaufen oder ihn durch Hüttenkäse ersetzen.

Mozzarella Der traditionell aus Büffelmilch hergestellte Schichtkäse ohne Rinde ist auch geräuchert erhältlich. Er wird in Scheiben geschnitten, auf im Ofen gegarte Gerichte gegeben oder roh verzehrt.

Fontina Der Rohmilchkäse schmilzt sehr gut.

Mascarpone Der Frischkäse wird traditionell für Desserts wie Tiramisu verwendet oder als Tafelkäse mit frischem Obst gegessen.

Dolcelatte Der Name des weichen milden Blauschimmelkäses bedeutet übersetzt »süße Milch«.

Gorgonzola Der fettreiche Käse mit blaugrünem Schimmel aus der Lombardei hat einen kräftigen Geschmack und eine cremige Konsistenz.

Fisch

Thunfisch Er wird in verschiedenen klassischen Gerichten Italiens verwendet. Häufig ist er in Pflanzenöl eingelegt, es gibt ihn jedoch auch in Wasser oder Lake konserviert.

Anchovis (Sardellen) Die besten Anchovisfilets sind in Salz konserviert. Man wässert sie vor Gebrauch 30 Min.

Tomaten

Eiertomaten Sie haben ein kräftiges, volles Aroma und sollten verwendet werden, wenn sie reif, rot und noch fest sind. Die in Italien wachsenden Tomaten reifen in der Sonne und haben einen besonders guten Geschmack.

Sonnengetrocknete Tomaten Sie sind lose oder in Öl eingelegt erhältlich und haben ein konzentriertes süßes Aroma. Gehackt werden sie der Sauce zu Zubereitungsbeginn zugefügt.

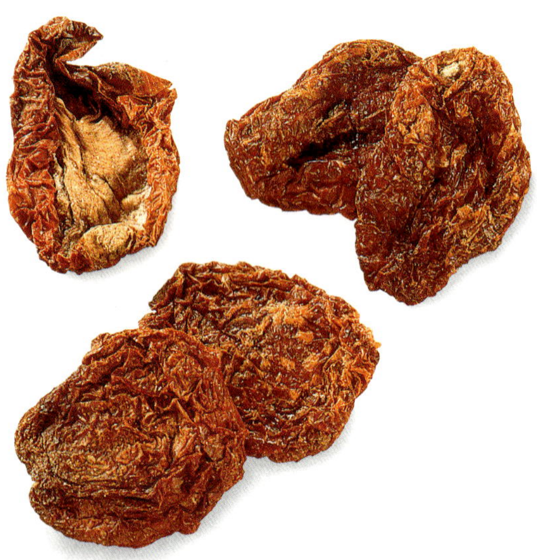

Dosentomaten Sie sind in unterschiedlicher Form erhältlich und die beste Alternative zu frischen Eiertomaten.

Tomatenmark Es wird in Tuben, Gläsern und Dosen angeboten und ist eine wichtige Zutat für viele Saucen, da es ihnen ein hervorragendes Tomatenaroma verleiht.

Passierte Tomaten Sie sind in der Regel im Tetra-Pak erhältlich.

Kräuter und würzige Zutaten

Knoblauch Wählen Sie stets feste, pralle Knollen. Heute wird zudem auch geräucherter Knoblauch angeboten. Sollte er nicht erhältlich sein, kann normaler Knoblauch verwendet werden, ohne daß der Geschmack leidet.

Kapern In Salz konservierte Kapern haben das bessere Aroma. Sie werden vor Gebrauch 30 Min. gewässert.

Oliven In der Regel werden schwarze Oliven verwendet, doch auch grüne Oliven aus Süditalien sind ausgezeichnet.

Basilikum Neben dem bekannten grünen Basilikum ist auch violettes Basilikum erhältlich. Basilikum wird häufig in Salaten und gegarten Gerichten verwendet. Man fügt es am Ende der Garzeit zerzupft oder grobgehackt zu.

Glattblättrige Petersilie Sie hat ein intensives Aroma.

Oregano Das kleinblättrige Kraut hat ein kräftiges Aroma.

Majoran Das aromatische Gewürz hat Thymol in den Blättern. Wilder Majoran, auch Oregano genannt, wächst in Italien und Griechenland.

Rosmarin Das Kraut mit aromatischen, nadelartigen Blättern gedeiht im Mittelmeerraum wild.

Salbei Das aromatische Kraut hat samtige Blätter, deren Farbe von Grün über Grau bis Violett reicht.

Muskatnuß Das indonesische Gewürz hat einen kräftigen, typischen Geschmack. Am besten frisch gerieben verwenden.

Pilze und Chillies

Getrocknete Pilze Gewöhnlich werden aromareiche Waldpilze getrocknet. Vor Gebrauch müssen sie in Wasser eingeweicht werden. Das Weichwasser wird durch ein feines Sieb gegossen und ebenfalls verwendet. Nach dem Öffnen einer Packung mit Trockenpilzen sollten diese in einem luftdicht verschlossenen Gefäß aufbewahrt werden. Steinpilze sind preiswerter als Morcheln, die einen kräftigen, speckähnlichen Geschmack haben und im Ganzen getrocknet werden.

UNTEN Pilze sind starke Aromaträger.

Waldpilze Die am häufigsten angebotenen Waldpilze sind Morcheln, Pfifferlinge und Steinpilze. Sie alle haben ihr eigenes typisches Aroma.

Zuchtpilze Heute werden auch Shiitakepilze und Austernpilze kultiviert. Sie bilden eine willkommene Ergänzung zu den weitverbreiteten Champignons.

Trüffeln Sie sind eine der teuersten Zutaten. Trüffeln wachsen im Erdreich und lassen sich nicht kultivieren. Schweine oder Hunde spüren sie im Boden auf. Frisch sind sie im Spätherbst und Winter erhältlich. Am besten sind weiße Trüffeln aus Alba im Piemont. Sie haben ein so intensives Aroma, daß man nur kleine Mengen braucht. Gewöhnlich werden sie einfach gehobelt und über das fertige Gericht gestreut, aber nie gegart. Die schwarze Trüffel aus Umbrien oder dem französischen Perigord hat einen weniger intensiven Geschmack und wird in gegarte Gerichte gegeben. Mitunter bekommt man in Öl konservierte Trüffeln. Falls weder weiße noch schwarze Trüffeln erhältlich sind, verwendet man Trüffelöl, das dem Gericht einen Hauch Trüffelaroma verleiht. Es ist in Feinkostläden erhältlich.

Chillies Sie werden sowohl frisch als auch getrocknet angeboten. Die meiste Schärfe haben Samen und Rippen. Vorsicht beim Zerkleinern von Chillies! Saft, der in Augen, Mund, Nase oder eine offene Wunde gelangt, brennt schrecklich. Die Hände daher stets gut waschen. Als allgemeine Regel gilt: Je kleiner die Chilischote, desto schärfer ist sie. Im Zweifelsfall erst einmal wenig verwenden. Getrocknete Chillies sind meist sehr scharf.

WEIN

Das Angebot an Weinen aus aller Welt ist groß. Doch ob es sich um Sorten der Neuen Welt etwa aus Kalifornien, Australien, Neuseeland oder Südafrika handelt oder ob klassischere Weine aus Frankreich, Italien und Spanien gewählt werden, stets gelten die gleichen Regeln. Die Wahl des Weines hängt nicht nur vom persönlichen Geschmack ab, sondern auch von dem servierten Gericht und seiner Zubereitung. Der Wein sollte die jeweilige Speise ergänzen. Probieren Sie ein breites Spektrum der zahlreichen Weine aus, die erhältlich sind.

Weine aus der gleichen Traube sind von Region zu Region und von Jahr zu Jahr unterschiedlich. Sonnentage, Boden und Klima beeinflussen Geschmack und Bouquet. Jeder Winzer kombiniert zudem andere Trauben und bedient sich bei der Produktion seiner Weine unterschiedlicher Methoden. Es gibt so viele ausgezeichnete Weine, daß es ein Jammer wäre, immer denselben Wein zu trinken.

Zu säuerlichen Speisen oder stark gewürzten Gerichten wie Chillies oder Currys paßt nur ein sehr leichter oder körperreicher Wein. Säure oder Gewürze würden Aroma und Bouquet des Weines überlagern bzw. zerstören. Zu diesen Gerichten kann besser ein gekühltes Bier oder sogar Mineralwasser gereicht werden.

Für Pasta-Gerichte mit Fisch, Meeresfrüchten oder Gemüse paßt ein Wein, den man auch zu Fisch oder Gemüse servieren würde. Versuchen Sie es mit gut gekühltem Weißwein mit einer frischen Säure und viel Aroma wie Pouilly Fumé aus Frankreich oder einem der Weine der Neuen Welt wie Delegat's Hawkes Bay Sauvignon Blanc aus Neuseeland oder Columbia Crest Sauvignon Blanc aus dem amerikanischen Bundesstaat Washington.

Gerichte mit Geflügel serviert man am besten mit einem aromareichen Weißwein wie Cooks Chardonnay aus Neuseeland oder einem französischen Chablis. Man könnte auch einen leichteren Rotwein probieren wie italienischen Chianti classico oder einen Mountain View Pinot Noir aus Kalifornien.

Pasta mit Fleischsauce verlangt nach kräftigen körperreichen Rotweinen wie einem Tollana Cabernet-Shiraz aus Südaustralien oder einem italienischen Merlot Collio.

Bei mit Wild zubereiteter Pasta gilt, je kräftiger das Aroma des Gerichtes ist, desto robuster sollte der Wein sein. Ideal sind ein Burgunder wie Gevrey Chambertin aus Frankreich, italienischer Barolo oder Jensen Vineyard Pinot Noir aus Kalifornien.

ZWEITES KAPITEL

SELBSTGEMACHTE PASTA

In diesem Kapitel finden Sie Anleitungen und Ratschläge zur Herstellung eigener Pasta. Einfache Schritt-für-Schritt-Erklärungen zeigen die Zubereitung des Pasta-Teigs und die Bedienung der Nudelmaschine, die die Pasta-Herstellung erheblich erleichtert.

Grundrezept für Pasta-Teig

Dieses Rezept ist ideal, wenn der Teig von Hand zubereitet und anschließend in der Nudelmaschine ausgerollt und geschnitten wird. Es gibt elektrische Geräte, die auch den Teig herstellen. In diesem Fall sollten Sie vor der ersten Benutzung der Maschine die Gebrauchsanweisung eingehend studieren. Zudem müssen einige Sicherheitsmaßnahmen beachtet werden (siehe Seite 9).

Wenn Sie eigene Pasta herstellen möchten, achten Sie darauf, daß die Eier Zimmertemperatur haben und die Fläche, auf der der Teig geknetet wird, nicht zu kalt ist. Pasta-Teig muß während der Zubereitung warm gehalten werden.

Ergibt 450 g Pasta-Teig

- 300 g Durumweizenmehl oder normales Mehl
- 1 Prise Meersalz
- 3 Eier
- 1 EL natives Olivenöl

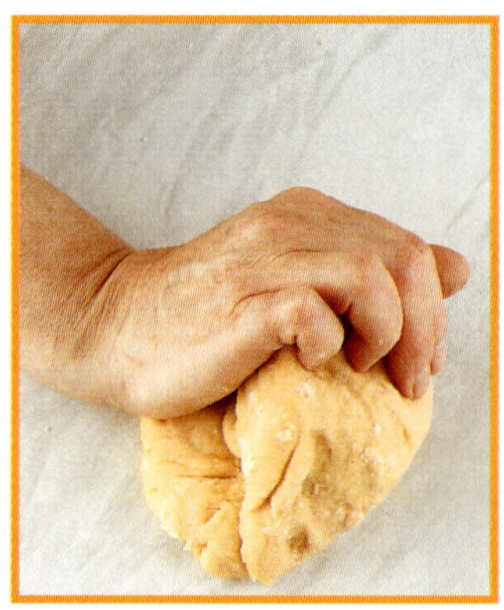

1 Mehl und Salz auf die saubere Arbeitsfläche oder in eine große Schüssel geben. In der Mitte eine Mulde formen. Die Eier nacheinander in die Vertiefung gleiten lassen und mit einer Gabel sorgfältig verrühren. Das Öl zu den Eiern geben.

2 Langsam Mehl unter die Eier arbeiten, bis sie nicht mehr flüssig sind. Nun mit beiden Händen rasch das Mehl unter die Eimischung kneten und Eier und Mehl vollständig mischen. Einen festen Teig herstellen, nötigenfalls etwas Wasser zufügen.

3 Der Teig sollte feucht, aber nicht klebrig sein. Falls er nicht sofort ausgerollt wird, in Klarsichtfolie wickeln. Die Hände waschen und nötigenfalls die Arbeitsfläche säubern. Den Teig mit dem Handballen kneten, dabei jedesmal um 90 Grad drehen.

4 Den Teig auf diese Weise weiterkneten, bis er sehr glatt ist. Kleine Mengen Teig (450 g) sind leichter zu handhaben. Den Teig in Klarsichtfolie wickeln und 20 Min. ruhen lassen, bevor er ausgerollt und geformt wird.

Um Vollkorn-Pasta herzustellen, ersetzt man Weißmehl durch Vollkornmehl. Falls gewünscht, kann man auch eine Mischung aus gleichen Teilen Durumweizenmehl und Vollkornmehl verwenden. Möglicherweise ist etwas mehr Öl erforderlich, damit der Teig weich und geschmeidig wird.

Gefärbter und aromatisierter Pasta-Teig

Pasta kann man nicht nur in vielen Formen und Größen herstellen, sondern auch in unterschiedlichen Farben und mit verschiedenen Aromen. Gefärbte oder aromatisierte Pasta bietet eine interessante und leckere Abwechslung.

Spinat-Pasta (Pasta verde)

250 g frischen Spinat sorgfältig waschen, verlesen und entstielen. Nur mit dem an den Blättern haftenden Wasser in einen großen Topf geben und 3 Min. garen, bis er weich ist. Abtropfen lassen, sorgfältig ausdrücken und sehr fein hakken. Den Eiern zufügen, bevor das Mehl eingearbeitet wird. Eventuell ist etwas zusätzliches Mehl erforderlich.

Safran-Pasta

1 TL Safranfäden 15 Min. in 1 TL warmem Wasser quellen lassen. Zu den Eiern geben, bevor das Mehl eingearbeitet wird.

Tomaten-Pasta

Den Eiern 2–3 EL Tomatenmark zufügen, bevor das Mehl eingearbeitet wird.

Schwarze Pasta

Zu den Eiern 1 TL Tintenfischtinte geben, bevor das Mehl eingearbeitet wird. Zuviel zusätzliches Mehl beeinträchtigt die Farbe.

Pilz-Pasta

25 g getrocknete Steinpilze in 3 EL kochendes Wasser geben und 30 Min. quellen lassen. Gut abtropfen lassen, sorgfältig ausdrücken und sehr fein hacken. Zu den Eiern geben, bevor das Mehl eingearbeitet wird.

Rote-Bete-Pasta

25 g frisch gegarte rote Bete pürieren und durch ein Sieb streichen. Zu den Eiern geben, bevor das Mehl eingearbeitet wird. Soll die Farbe dunkler werden, weitere 25 g pürierte rote Bete zufügen.

Kräuter-Pasta

3 EL frische Kräuter fein hacken und unter die Eier mischen, bevor das Mehl eingearbeitet wird. Probieren Sie Basilikum, Oregano, Salbei, Estragon, Minze oder auch eine Mischung aus zwei oder drei verschiedenen Kräutern. Zusätzliches Aroma verleihen 1–2 zerdrückte Knoblauchzehen, 1 entkernte und feingehackte Chilischote oder 1 EL abgeriebene Zitronenschale.

Schokoladen-Pasta

50 g Block- oder Zartbitterschokolade im leicht köchelnden Wasserbad oder im Mikrowellengerät schmelzen. Etwas abkühlen lassen und mit den Eiern vermischen. 2 EL gesiebtes Kakaopulver zum Mehl geben. Dann nach dem Grundrezept weiterarbeiten.

Zitrus-Pasta

2 EL frisch abgeriebene Zitronen-, Limetten- oder Orangenschale bzw. eine Mischung daraus zu den Eiern geben, bevor das Mehl eingearbeitet wird.

Zum Gebrauch der Nudelmaschine

1 Die Nudelmaschine mit der Tischklammer sicher auf der Arbeitsfläche befestigen und die Kurbel einsetzen. Mit dem Drehknopf den größtmöglichen Abstand zwischen den Walzen einstellen. Die Maschine mit einem sauberen Tuch abwischen (siehe auch Seite 8).

2 Den vorbereiteten Teig halbieren, dünn mit Mehl bestäuben und zwischen den Rollen einführen, dabei die Kurbel drehen.

3 Den Teig dünn mit Mehl bestäuben. In der Mitte zusammenfalten und die Ränder mit dem Handballen fest zusammendrücken.

4 Den Teig noch sechs- bis achtmal durch die Maschine drehen, bis er glatt und elastisch ist, nach jedem Mal zusammenfalten und dünn mit Mehl bestäuben.

5 Den Abstand zwischen den Walzen jedesmal um eine Position verringern. Den Teig vor dem Einführen nicht mehr zusammenfalten. Wenn er immer schwieriger zu handhaben wird, halbieren und ausrollen.

6 Den Teig dünn mit Mehl bestäuben, damit er nicht an den Rollen hängenbleibt. Wenn er die gewünschte Dicke hat, mit einem sauberen Geschirrhandtuch abdecken und vor dem Schneiden 5–10 Min. trocknen lassen.

Den Teig schneiden

1 Den Schneidaufsatz in die dafür vorgesehenen seitlichen Halterungen der Maschine stecken. Vor dem Schneiden testen, ob der Teig sich trocken anfühlt und nicht klebt. Er darf aber auch nicht zu trocken oder brüchig werden, weil er sich dann nicht richtig schneiden läßt. Die Pasta vorsichtig in das Schneidwerk einführen, dabei die Kurbel drehen.

2 Sobald die Nudeln die gewünschte Länge haben, sie mit einer Schere abschneiden. In etwas Mehl wenden.

3 Werden die Nudeln innerhalb von 1 Std. gegart, legt man sie flach auf ein sauberes Geschirrhandtuch. Sollen sie einige Stunden oder Tage aufbewahrt werden, die Nudeln locker mit der Hand zu kleinen Nestern zusammendrehen und zum Trocknen auf ein Geschirrhandtuch legen. Danach in einem luftdicht verschlossenen Glas lagern.

Ravioli herstellen

Ravioli lassen sich mit einer Nudelmaschine leicht zubereiten. Mit Hilfe des Ravioli-Aufsatzes werden drei Reihen kleiner gefüllter Teigtaschen hergestellt. Als Füllung eignen sich vielerlei Zutaten wie Ricotta, Spinat oder Schinken.

1 Den Teig zubereiten und zu einer langen dünnen Platte ausrollen. Den Teig mit dem zur Nudelmaschine gehörenden Teigrädchen schneiden und mit Mehl bestäuben. Die Maschine am Tisch befestigen und den Ravioli-Aufsatz montieren. Die Teigplatte in der Mitte falten und das geschlossene Ende in den Trichter des Ravioli-Aufsatzes legen.

TIP Wenn die Nudelmaschine keinen Ravioli-Aufsatz hat, den Teig möglichst dünn ausrollen und mit einem Keksausstecher 5–8 cm große Quadrate oder Kreise ausstechen. In die Mitte einen Löffel Füllung setzen, die Ränder befeuchten und den Teig über die Füllung klappen. Die Ränder fest zusammendrükken. Auf einem bemehlten Teller mindestens 1 Std. trocknen lassen.

2 Den Teig behutsam trennen und die Enden über die Holzrollen des Trichters legen. Die Kurbel langsam drehen, bis sich das Ende der Pasta zwischen den Walzen befindet.

3 Die vorbereitete Füllung in den Trichter geben. Die Kurbel langsam drehen, bis drei Reihen Teigtaschen erscheinen. Die restliche Füllung in den Trichter geben und weiterarbeiten. Die Ravioli mit etwas Mehl bestäuben und vor dem Schneiden 1 Std. trocknen lassen.

Matrizenmaschine mit Handbedienung

Da sehr unterschiedliche Nudelmaschinen-Modelle erhältlich sind, sollte man beim Kauf darauf achten, ob die Maschine die gewünschte Pasta herstellen kann.

Nach Gebrauch muß die Maschine sorgfältig gereinigt werden. Dazu die Kurbel in die entgegengesetzte Richtung drehen und den gelben Trichter herausnehmen. Die Verschlußzwinge mit dem Schlüssel aufschrauben und die rote Gabel und den Matritzenhalter herausnehmen. Die Kammer gegen den Uhrzeigersinn drehen und herausziehen. Alle beweglichen Teile der Maschine vollständig ausbauen und in heißem Seifenwasser abwaschen, einige Stunden vollkommen trocknen lassen, dann wieder zusammensetzen.

Die Maschine nie in der Spülmaschine reinigen.

1 Die Maschine mit einem sauberen Tuch abwischen, dann gut an der Arbeitsfläche befestigen und die Kurbel in die Öffnung SLOW stecken. Die Öffnung FAST darf nur bei der Zubereitung von Teig oder Gehacktem benutzt werden. Die Matrize für die gewünschte Nudelform einsetzen.

Den Teig herstellen und in Klarsichtfolie gewickelt ruhen lassen. Ein kleines Teigstück in den Trichter geben und die Kurbel langsam drehen.

2 Nach wenigen Sekunden zeigen sich die ersten Nudeln. Wenn sie die gewünschte Länge haben, mit einem scharfen Messer abschneiden. Fortfahren, bis der gesamte Teig verbraucht ist. Falls die Nudeln aneinanderkleben, leicht mit Mehl bestäuben. Vor dem Garen 1 Std. trocknen lassen.

3 Um die Matrize auszuwechseln, die Kurbel einige Male gegen den Uhrzeigersinn drehen. Den Trichter anheben und entfernen. Mit dem Schlüssel die Verschlußzwinge öffnen. Die gewünschte Matrize auswählen und auf das Ende der Fließpreßkammer setzen. Darauf achten, daß die Zähne genau auf den für sie vorgesehenen Halterungen sitzen. Die Verschlußzwinge wieder aufschrauben und den Trichter aufsetzen.

NUDELN VON HAND FORMEN

Wenn Ihre Pasta-Maschine keine Nudeln formt oder Sie eine ganz bestimmte Form haben möchten, die sich in einer Maschine nicht herstellen läßt, formen Sie die Nudeln selbst. Es folgen einige der beliebtesten Nudeltypen.

Brandelle Den vorbereiteten Teig ausrollen und in Stücke beliebiger Form und Größe zupfen.

Garganelli Teig in 5 cm große Quadrate schneiden, auf einer Seite mit Wasser befeuchten und dann schräg um den Griff eines Holzlöffels wickeln. Trocknen lassen und vom Griff abziehen.

Farfalle Den vorbereiteten Teig zu einem Rechteck ausrollen und in exakt 5 cm große Quadrate schneiden. Diese mit einem Teigrädchen durchschneiden und die Stücke in der Mitte zusammendrücken, so daß »Schmetterlinge« entstehen.

Fusilli 5 cm große Quadrate in vier Streifen schneiden. Für die Spiralenform um einen dicken Holzspieß wickeln. Über ein geriffeltes Butterbrettchen rollen und trocknen lassen.

Maltagliati Den Pasta-Teig zu einem Rechteck ausrollen und dann mit einem scharfen Messer oder einem Teigrädchen in unregelmäßige Stücke schneiden.

Orecchiette Kleine Teigstücke zu Kugeln von etwa 1 cm Durchmesser rollen. Die Mitte jeder Kugel eindrücken, so daß Hütchen oder »Öhrchen« entstehen.

PASTA GAREN UND SERVIEREN

Richtig gegarte Pasta sollte »al dente« sein, also noch Biß haben. Dazu muß man beim Garen der Pasta immer wieder eine Nudel aus dem Topf nehmen und probieren. Frische Nudeln wie Capelli d'angelo sind schon in 30 Sek. gar. Sie sind bereits in dem Moment fertig, in dem das Wasser nach Zufügen der Pasta wieder zum Kochen kommt. Andere frische Nudeln garen 1–2 Min., Lasagneplatten 3–4 Min.

Um festzustellen, ob gefüllte Pasta gar ist, prüft man den Teig am Rand, statt in die Füllung zu schneiden.

Getrocknete Pasta hat eine längere Garzeit. Auch hier heißt der beste Gartest: Probieren.

Als Faustregel gilt: auf 100 g Pasta kommt 1 l Wasser. Benutzen Sie einen großen Topf, damit die Nudeln im Wasser frei schwimmen. Das Wasser muß kochen, bevor man die Nudeln zufügt. Auf 500 g Pasta verwendet man etwa 1 EL Salz, das man zufügt, sobald das Wasser zu kochen beginnt. Dann gibt man alle Nudeln auf einmal hinein.

TIP Es ist nicht nötig, dem Garwasser Öl zuzufügen. Reichlich Wasser und häufiges Umrühren reichen aus, um zu verhindern, daß die Nudeln zusammenkleben. Die einzige Ausnahme bilden breite Bandnudeln.

Gleich nachdem die Pasta ins Wasser gegeben wurde, rührt man um, damit sie nicht am Topfboden festklebt. Lange Nudeln zieht man dabei gleichzeitig in das Wasser. Den Deckel auflegen und das Wasser so rasch wie möglich wieder zum Kochen bringen. Sobald das Wasser kocht, nimmt man den Deckel wieder ab, rührt ab und zu um und probiert die Nudeln, bis sie »al dente« sind.

Dann gießt man sie sofort durch ein Sieb ab und schüttelt dieses behutsam. Heben Sie stets ein wenig des Garwassers auf. Es eignet sich ideal zum Verdünnen dicker Saucen. Die Nudeln aber nicht abschrecken, da sie sonst abkühlen und die Stärke abgespült wird, durch die die Sauce an den Nudeln haften bleibt.

Wird frische Pasta als Vorspeise serviert, rechnet man pro Person 75–100 g. Als Hauptgericht mit Fleisch, Fisch oder Gemüsen in einer Sauce und einem grünen Salat gereicht, braucht man pro Person 100–150 g.

Die Rezepte in diesem Buch reichen als Vorspeise für sechs Personen und als Hauptgericht, mit einem grünen Salat und knusprigem Brot serviert, für vier Personen. Die Nachspeisen wurden für vier Personen berechnet.

NÄHRWERTANGABEN

Die Berechnung der Nährwertangaben erfolgte bei allen Rezepten auf der Basis von vier Portionen. Sie gilt nur für das Pasta-Gericht selbst, nicht für Beilagen, die Sie dazu reichen.

Die Tabelle gibt immer die in einer Portion enthaltenen Nährwerte an, so daß Sie auf einen Blick sehen können, wie viele Kalorien Sie zu sich nehmen und welche Mengen an Kohlenhydraten, Protein und Fett eine Portion enthält. Ferner können Sie die enthaltenen Mengen an Zucker, Ballaststoffen, Salz und Cholesterin daraus ersehen. Das Fett wurde überdies in gesättigte, einfach ungesättigte und mehrfach ungesättigte Fettsäuren unterteilt.

NÄHRWERTANGABEN

1	Für 4 Personen Portionsgröße 460 g 707 kcal/2971 kJ	
2	Protein insgesamt	49,8 g
	Kohlenhydrate insgesamt	65,4 g
	Zucker	2,9 g
	Fett insgesamt	24 g
	Ges. Fettsäuren	5,7 g
	Mehrfach unges. Fettsäuren	2,5 g
	Einfach unges. Fettsäuren	13,4 g
	Ballaststoffe	2,8 g
	Natrium	538 mg
	Cholesterin	337 mg

1 Die Portionsgröße vereinfacht es, einen sinnvollen Bezug zu den Nährwerten herzustellen.

2 Die heute wichtigsten Nährstoffe für die Gesundheit.

DRITTES KAPITEL

SAUCEN-KLASSIKER

Pasta ohne Sauce ist wie Suppe ohne Salz und Pfeffer. Eine gute Sauce macht ein Pasta-Gericht oft erst zum richtigen kulinarischen Genuss. Die Saucen in diesem Kapitel sind Klassiker und gehören zu den beliebtesten Pasta-Saucen der Welt. Sie eignen sich auch für im Ofen gegarte oder gefüllte Pasta-Gerichte.

Würzige Tomatensauce

Diese Sauce erhält durch frische Jalapeño-Chillies ihre würzige Schärfe. Ersatzweise können auch zerstoßene getrocknete Chillies verwendet werden – etwa ¼–½ TL.

Ergibt 600 ml Sauce

Sauce
- 700 g frische Eiertomaten
- 3 EL natives Olivenöl
- 1–2 Knoblauchzehen, abgezogen und zerdrückt
- 1–2 Jalapeño-Chillies, entkernt und feingehackt
- 2 EL Tomatenmark
- 1 EL frischer Oregano, grobgehackt
- Salz und frisch gemahlener schwarzer Pfeffer

Zum Servieren
- 450 g frische Pasta
- frisch geriebener Pecorino Romano

Die Tomaten oben kreuzförmig einschneiden und in einer großen Schüssel mit kochendem Wasser bedecken. 2–3 Min. stehen lassen. Die Haut abziehen. Tomaten in Viertel schneiden. Die Kerne entfernen und das Fleisch grob hacken.

Das Öl in einem Topf erhitzen. Knoblauch und Chillies zufügen und 3 Min. sanft dünsten, dabei darauf achten, daß sie nicht anbrennen. Gehackte Tomaten zufügen sowie das mit 2 EL Wasser verrührte Tomatenmark. Zum Kochen bringen, dann die Hitze reduzieren und die Zutaten 15 Min. köcheln lassen. Gehackten Oregano sowie Salz und Pfeffer zufügen und die Sauce weiter köcheln lassen.

Die Nudeln in reichlich kochendem Salzwasser in 1–2 Min. »al dente« garen. Abtropfen lassen und die Sauce unterheben. Sofort servieren, den geriebenen Käse getrennt reichen.

NÄHRWERTANGABEN

Für 4 Personen
Portionsgröße 320 g
492 kcal/2071 kJ

Protein insgesamt	17,5 g
Kohlenhydrate insgesamt	65,2 g
Zucker	7,8 g
Fett insgesamt	20 g
Ges. Fettsäuren	4,8 g
Mehrfach unges. Fettsäuren	2,3 g
Einfach unges. Fettsäuren	11,2 g
Ballaststoffe	4,4 g
Natrium	286 mg
Cholesterin	186 mg

PESTO

Diese Sauce, die vielleicht eine der bekanntesten und beliebtesten Pasta-Saucen ist, wird nicht nur für Pasta-Gerichte verwendet. Ursprünglich stammt sie aus Ligurien, wo die Genueser das Basilikum für ihre Sauce oft selbst ziehen.

Ergibt 250 ml Sauce

NÄHRWERTANGABEN

Für 4 Personen
Portionsgröße 180 g
658 kcal/2751 kJ

Protein insgesamt	19,8 g
Kohlenhydrate insgesamt	59,5 g
Zucker	1,4 g
Fett insgesamt	40 g
Ges. Fettsäuren	8,2 g
Mehrfach unges. Fettsäuren	5,7 g
Einfach unges. Fettsäuren	23 g
Ballaststoffe	2,5 g
Natrium	419 mg
Cholesterin	193 mg

Sauce

- 50 g frische Basilikumblätter
- 8 EL natives Olivenöl extra
- 25 g Pinienkerne
- 2–3 Knoblauchzehen, abgezogen
- Salz
- 50 g Parmesan, frisch gerieben
- 1 EL Pecorino Romano, frisch gerieben

Zum Servieren

- 450 g frische Pasta
- zusätzlicher frisch geriebener Parmesan
- frische Basilikumblätter

Basilikumblätter, Olivenöl, Pinienkerne und Knoblauch im Mixer zerkleinern, bis eine glatte Sauce entstanden ist. In eine Schüssel geben und Salz nach Geschmack sowie den geriebenen Käse unterrühren.

In der Zwischenzeit die Nudeln in reichlich kochendem Wasser 1–2 Min. »al dente« garen. Abtropfen lassen und den Pesto unterheben. Sofort mit frisch geriebenem Parmesan und mit einigen Basilikumblättern garniert servieren.

Carbonara

Es gibt viele verschiedene Versionen dieser Sauce, doch werden alle mit den gleichen Grundzutaten zubereitet. Wer eine etwas leichtere Variante dieser klassischen Sauce vorzieht, läßt die Butter weg und erhöht die Ölmenge um 2 EL und verwendet statt Sahne Joghurt.

Ergibt 250 ml Sauce

NÄHRWERTANGABEN

Für 4 Personen
Portionsgröße 250 g
674 kcal/2821 kJ

Protein insgesamt	25,6 g
Kohlenhydrate insgesamt	62 g
Zucker	4 g
Fett insgesamt	38 g
Ges. Fettsäuren	15 g
Mehrfach unges. Fettsäuren	2,9 g
Einfach unges. Fettsäuren	16,8 g
Ballaststoffe	2,7 g
Natrium	937 mg
Cholesterin	331 mg

Sauce
- 25 g Butter
- 3 EL Olivenöl
- 2–3 Knoblauchzehen, abgezogen und zerdrückt
- 1 große Zwiebel, abgezogen und feingehackt
- 100 g Pancetta oder magerer Räucherspeck, in dünne Streifen geschnitten
- 2 Eigelb
- 150 ml Sahne
- 4 EL Parmesan, frisch gerieben
- Salz und frisch gemahlener schwarzer Pfeffer

Zum Servieren
- 450 g frische Pasta
- 2 EL Parmesan, frisch gerieben
- gehackte frische glattblättrige Petersilie

Butter und Öl in einer Pfanne erhitzen. Knoblauch und Zwiebel darin 5 Min. dünsten, bis sie weich, aber nicht gebräunt sind. Den Schinken zufügen und 2 Min. braten.

Die Eigelbe mit der Sahne und 4 EL Parmesan verrühren. Beiseite stellen.

In der Zwischenzeit die Nudeln in reichlich kochendem Salzwasser in 1–2 Min. »al dente« garen. Sorgfältig abtropfen lassen und wieder in den Topf geben. Schinkenmischung zufügen und den Topfinhalt noch einmal unter Rühren 2 Min. erhitzen, dann von der Kochstelle nehmen.

Eiersahne zugeben und mit zwei Gabeln rasch unterheben, so daß das Eigelb durch die Hitze der Pasta stockt. Nach Geschmack salzen und pfeffern und mit Petersilie bestreut sofort servieren. Dazu Parmesan reichen.

Frische Tomatensauce

Für die Zubereitung dieser Sauce sollte man Tomaten verwenden, die wirklich reif, aber nicht überreif sind. Den besten Geschmack haben Eiertomaten.

Ergibt 600 ml Sauce

NÄHRWERTANGABEN

Für 4 Personen
Portionsgröße 385 g
477 kcal/2009 kJ

Protein insgesamt	15,6 g
Kohlenhydrate insgesamt	68 g
Zucker	9,9 g
Fett insgesamt	18 g
Ges. Fettsäuren	3,2 g
Mehrfach unges. Fettsäuren	2,3 g
Einfach unges. Fettsäuren	10,5 g
Ballaststoffe	5,9 g
Natrium	608 mg
Cholesterin	178 mg

Sauce
- 700 g Tomaten
- ½ kleine Fenchelknolle (gehackt etwa 2 EL)
- 3 EL Olivenöl
- 1 Zwiebel, abgezogen und gehackt
- 2–3 Knoblauchzehen, abgezogen und zerdrückt
- einige Stengel Oregano
- 2–3 EL Tomatenmark
- 300 ml Gemüsebrühe
- Salz und frisch gemahlener schwarzer Pfeffer

Zum Servieren
- 450 g frische Pasta
- 1–2 TL frischer Oregano, gehackt

Die Tomaten oben kreuzförmig einritzen und in eine große Schüssel geben. Mit kochendem Wasser bedecken und 2 Min. stehen lassen. Nach dem Abtropfen die Haut abziehen. Die Tomaten halbieren und grob hacken. Den Fenchel putzen und fein hacken.

Das Öl in einem Topf erhitzen. Fenchel, Zwiebel und Knoblauch darin 5 Min. dünsten, bis sie weich, aber nicht gebräunt sind. Gehackte Tomaten und Oregano zufügen und alles noch einmal 3 Min. dünsten.

Tomatenmark mit etwas Gemüsebrühe verrühren, dann mit der restlichen Brühe in den Topf geben. Zum Kochen bringen und etwa 10–12 Min. köcheln lassen, bis eine Sauce entstanden ist. Oregano herausnehmen und mit Salz und Pfeffer abschmecken.

In der Zwischenzeit die Nudeln in reichlich kochendem Salzwasser in 1–2 Min. »al dente« garen. Sorgfältig abtropfen lassen und mit dem gehackten Oregano zu der Sauce geben. Kurz unterheben, dann sofort servieren.

Muschel-Chili-Sauce

Bei der Zubereitung von Muscheln gilt immer: Vor dem Garen sämtliche Muscheln wegwerfen, die geöffnet sind, nach dem Garen alle noch geschlossenen Muscheln.

Ergibt 500 ml Sauce

Sauce
- 900 g frische Herzmuscheln
- 4 EL Olivenöl
- 1 Knoblauchzehe, abgezogen und zerdrückt
- 2 Schalotten, abgezogen und feingehackt
- 1 Jalapeño-Chilischote, entkernt und feingehackt
- 300 ml trockener Weißwein
- Salz und frisch gemahlener schwarzer Pfeffer
- 4 EL Sahne (nach Belieben)

Zum Servieren
- 450 g frische Pasta
- 2 EL frische glattblättrige Petersilie, gehackt

Die Muscheln bürsten und mindestens 30 Min. in kaltes Wasser legen, danach alle geöffneten Muscheln wegwerfen. (Auf geöffnete Muscheln klopfen. Wenn sie sich schließen, können sie verwendet werden.) Die Muscheln kurz vor der Zubereitung abtropfen lassen.

Das Öl in einem großen Topf erhitzen. Knoblauch, Schalotten und Chilischote 5 Min. dünsten, bis sie weich sind. Den Wein zufügen und 5 Min. köcheln lassen.

Die abgetropften Muscheln zugeben und zugedeckt etwa 5 Min. dämpfen, bis sie sich geöffnet haben, zwischendurch den Topf ab und zu behutsam schütteln. Von der Kochstelle nehmen und noch geschlossene Muscheln wegwerfen. Salz und Pfeffer sowie Sahne unterrühren.

In der Zwischenzeit die Nudeln in reichlich kochendem Salzwasser in 1–2 Min. fast »al dente« garen. Sorgfältig abtropfen lassen.

Die Nudeln zu den Muscheln in den Topf geben und bei mittlerer Hitze noch einmal 1–2 Min. garen, bis sie weich sind. Von der Kochstelle nehmen und die Petersilie unterrühren, dann sofort servieren.

NÄHRWERTANGABEN

Für 4 Personen
Portionsgröße 465 g
707 kcal/2971 kJ

Protein insgesamt	49,8 g
Kohlenhydrate insgesamt	65,4 g
Zucker	2,9 g
Fett insgesamt	24 g
Ges. Fettsäuren	5,7 g
Mehrfach unges. Fettsäuren	2,5 g
Einfach unges. Fettsäuren	13,4 g
Ballaststoffe	2,8 g
Natrium	538 mg
Cholesterin	337 mg

Sahnesauce mit Frühlingsgemüse

Die meisten Gemüsesorten sind heutzutage zwar das ganze Jahr hindurch erhältlich, doch gerade dann, wenn das erste heimische Gemüse auf den Markt kommt, sollte man diese herrliche Sauce probieren.

Ergibt 500 ml Sauce

NÄHRWERTANGABEN

Für 4 Personen
Portionsgröße 285 g
725 kcal/3027 kJ

Protein insgesamt	18,9 g
Kohlenhydrate insgesamt	63,8 g
Zucker	5,4 g
Fett insgesamt	45,8 g
Ges. Fettsäuren	25,3 g
Mehrfach unges. Fettsäuren	2,5 g
Einfach unges. Fettsäuren	14,5 g
Ballaststoffe	4,4 g
Natrium	466 mg
Cholesterin	280 mg

Sauce

- 100 g junger Spargel, geputzt
- 100 g kleine junge Möhren, geputzt
- 50 g dicke Bohnen, enthülst
- 50 g Zuckerschoten
- 50 g Butter
- 2 Schalotten, abgezogen und gehackt
- 100 g Zucchini, gewürfelt
- 200 ml Doppelrahm oder Crème double
- Salz und frisch gemahlener schwarzer Pfeffer
- 4 EL Parmesan, frisch gerieben

Zum Servieren

- 450 g frische Pasta
- 1 Stengel violettes Basilikum

Den Spargel in kurze Stücke schneiden und in leicht gesalzenem kochendem Wasser 2 Min. blanchieren. Abtropfen lassen und in kaltem Wasser abschrecken, wieder abtropfen lassen.

Größere Möhren in Scheiben schneiden, kleinere halbieren. In leicht gesalzenem kochendem Wasser 2–3 Min. garen, bis sie fast weich sind. Abtropfen lassen und in kaltem Wasser abschrecken, wieder abtropfen lassen. Dicke Bohnen 3 Min., Zuckererbsen 1 Min. blanchieren. In kaltem Wasser abschrecken und abtropfen lassen.

Die Butter in einem großen Topf zerlassen und die Schalotten darin 5 Min. dünsten. Zucchini zufügen und 1 Min. sautieren. Das gesamte abgetropfte Gemüse sowie den Rahm zugeben und 5–8 Min. unter Rühren sanft garen, bis der Rahm etwas eingekocht ist.

Die Nudeln in kochendem Salzwasser in 1–2 Min. »al dente« garen. Abtropfen lassen, dann zu der Gemüse-Rahm-Sauce geben. Salz und Pfeffer sowie geriebenen Käse zufügen. 1 Min. behutsam erhitzen. Mit Basilikum garnieren.

Tomaten-Oliven-Sauce

Diese kräftige Sauce eignet sich ideal für dickere Bandnudeln wie Tagliatelle, aber auch für Penne oder Garganelli.

Ergibt 250 ml Sauce

NÄHRWERTANGABEN

Für 4 Personen
Portionsgröße 210 g
507 kcal/2127 kJ

Protein insgesamt	16,7 g
Kohlenhydrate insgesamt	61,8 g
Zucker	3,4 g
Fett insgesamt	23,3 g
Ges. Fettsäuren	4 g
Mehrfach unges. Fettsäuren	5,4 g
Einfach unges. Fettsäuren	11,3 g
Ballaststoffe	3,3 g
Natrium	1219 mg
Cholesterin	181 mg

Sauce

- 2 EL Olivenöl
- 1 EL Öl von sonnengetrockneten Tomaten
- 1 mittelgroße Zwiebel, abgezogen und feingehackt
- 8 sonnengetrocknete Tomaten in Öl, feingehackt
- 2 Knoblauchzehen, abgezogen und zerdrückt
- 2 Stangen Staudensellerie, geputzt und gehackt
- 50 g Pancetta, in Stücke geschnitten
- 50 g schwarze Oliven, entsteint und gehackt
- 1 EL Tomatenmark
- 300 ml Gemüsebrühe
- einige Stengel Majoran
- Salz und frisch gemahlener schwarzer Pfeffer

Zum Servieren

- 450 g frische Pasta
- zusätzliche Majoranstengel
- frisch geriebener Parmesan

Olivenöl und Öl der sonnengetrockneten Tomaten in einem Topf erhitzen. Zwiebel, sonnengetrocknete Tomaten, Knoblauch, Staudensellerie und Schinken darin 5 Min. dünsten. Die Hälfte der Oliven hineinrühren.

Tomatenmark mit etwas Brühe vermischen, dann mit restlicher Brühe und Majoran in den Topf rühren. Zum Kochen bringen und 10 Min. köcheln lassen. Den Topfinhalt abkühlen lassen, im Mixer zerkleinern und wieder in den Topf geben. Nach Geschmack salzen und pfeffern und die verbliebenen Oliven zufügen. Zugedeckt erhitzen, dann von der Kochstelle nehmen.

In der Zwischenzeit die Nudeln »al dente« garen. Abtropfen lassen, dann die Tomatensauce unterheben. Mit Majoran und Parmesan servieren.

Schnelle Tomatensauce

Diese Sauce ist ideal, wenn es schnellgehen muß und keine Zeit zum Einkaufen ist. Zudem eignet sie sich ausgezeichnet für gefüllte Pasta und geschichtete Nudelgerichte.

Ergibt 250 ml Sauce

NÄHRWERTANGABEN

Für 4 Personen
Portionsgröße 250 g
420 kcal/1771 kJ

Protein insgesamt	14 g
Kohlenhydrate insgesamt	63,3 g
Zucker	5,4 g
Fett insgesamt	14,4 g
Ges. Fettsäuren	2,7 g
Mehrfach unges. Fettsäuren	1,7 g
Einfach unges. Fettsäuren	8,3 g
Ballaststoffe	3,3 g
Natrium	317 mg
Cholesterin	178 mg

Sauce
- 2 EL Olivenöl
- 1 große Zwiebel, abgezogen und geraspelt
- 1 Dose geschälte Tomaten (400 g)
- Salz und frisch gemahlener schwarzer Pfeffer
- einige Spritzer Tabascosauce

Zum Servieren
- 450 g frische Pasta
- frisch griebener Parmesan

Das Öl in einem großen Topf erhitzen und die Zwiebel 5 Min. dünsten. Die geschälten Tomaten zufügen und 10 Min. sanft garen. Salz und Pfeffer sowie Tabascosauce nach Geschmack zugeben, den Deckel auflegen und den Topf von der Kochstelle nehmen.

In der Zwischenzeit die Nudeln in reichlich kochendem Wasser in 1–2 Min. »al dente« garen. Sorgfältig abtropfen lassen und wieder in den Topf geben. Die Tomatensauce unterheben und alles noch einmal 2 Min. erhitzen, dann sofort mit dem frisch geriebenen Parmesan bestreut servieren.

Knoblauch-Olivenöl-Sauce

Dies ist eine der einfachsten und zugleich köstlichsten Saucen. Wie bei guten Weinen gilt: Je besser das Olivenöl, desto besser der Geschmack.

Ergibt 150 ml Sauce

NÄHRWERTANGABEN

Für 4 Personen
Portionsgröße 150 g
522 kcal/2187 kJ

Protein insgesamt	13 g
Kohlenhydrate insgesamt	58,8 g
Zucker	1,2 g
Fett insgesamt	28 g
Ges. Fettsäuren	4,6 g
Mehrfach unges. Fettsäuren	2,8 g
Einfach unges. Fettsäuren	18,4 g
Ballaststoffe	2,5 g
Natrium	263 mg
Cholesterin	178 mg

Sauce

- 2–4 Knoblauchzehen, abgezogen und feingehackt
- 6–8 EL natives Olivenöl extra
- Salz und frisch gemahlener schwarzer Pfeffer
- 1 EL frische glattblättrige Petersilie, grobgehackt

Zum Servieren

- 450 g frische Pasta

Den Knoblauch mit dem Öl in einen Topf geben und 5 Min. behutsam dünsten. Salz und Pfeffer sowie Petersilie zufügen, den Deckel auflegen und den Topf von der Kochstelle nehmen.

In der Zwischenzeit die Nudeln in kochendem Salzwasser in 1–2 Min. »al dente« garen. Abtropfen lassen und behutsam die Knoblauchsauce unterheben, dann sofort servieren.

Bologneser Sauce

Diese Sauce stammt aus der italienischen Stadt Bologna, wo man sie allerdings Ragù *nennt. Jede Familie hat dort ihr eigenes, gut gehütetes Rezept.*

Ergibt 500 ml Sauce

NÄHRWERTANGABEN

Für 4 Personen
Portionsgröße 445 g
646 kcal/2715 kJ

Protein insgesamt	35,8 g
Kohlenhydrate insgesamt	66,3 g
Zucker	8 g
Fett insgesamt	24,5 g
Ges. Fettsäuren	7,4 g
Mehrfach unges. Fettsäuren	2,2 g
Einfach unges. Fettsäuren	12,4 g
Ballaststoffe	4,3 g
Natrium	465 mg
Cholesterin	232 mg

Sauce
- 2 EL Olivenöl
- 2–4 Knoblauchzehen, abgezogen und zerdrückt
- 1 Zwiebel, abgezogen und feingehackt
- 2 Stangen Staudensellerie, geputzt und feingehackt
- 1 große Möhre, geputzt und gewürfelt
- 350 g mageres Rinderhackfleisch
- 250 ml trockener Weißwein
- 1 Dose geschälte Tomaten (400 g)
- 1 EL Tomatenmark
- Salz und frisch gemahlener schwarzer Pfeffer
- 1 EL frischer Oregano, gehackt

Zum Servieren
- 450 g frische Pasta
- frisch geriebener Parmesan

Das Olivenöl in einem großen Topf erhitzen. Knoblauch, Zwiebel, Staudensellerie und Möhre darin 5–8 Min. dünsten, bis sie weich, aber nicht gebräunt sind. Das Hackfleisch zufügen und 5 Min. anbraten, dabei häufig rühren, um Klümpchen zu zerteilen.

Wein und geschälte Tomaten zugeben. Das Tomatenmark mit 2 EL Wasser vermischen und in den Topf rühren. Den Topfinhalt zum Kochen bringen und dann zugedeckt 20 Min. köcheln lassen, bis die Sauce dick ist. Salz und Pfeffer nach Geschmack sowie gehackten Oregano zufügen. Den Deckel wieder auflegen und den Topf von der Kochstelle nehmen.

In der Zwischenzeit die Nudeln in reichlich kochendem Salzwasser in 1–2 Min. »al dente« garen. Gut abtropfen lassen und wieder in den Topf geben. Die Sauce zufügen und unterheben. Den Parmesan darüberstreuen oder getrennt reichen. Sofort servieren.

Butter-Tomaten-Sauce

Auch diese Sauce gehört zu den Rezepten, die einfach zuzubereiten, aber dennoch köstlich sind.

Ergibt 500 ml Sauce

Sauce
- 700 g reife Fleischtomaten, abgezogen
- 100 g Butter
- 6 Schalotten, abgezogen und feingehackt
- 3 EL frische Basilikumblätter
- Salz und frisch gemahlener schwarzer Pfeffer

Tomaten entkernen und würfeln. 4 EL Butter in einem großen Topf zerlassen und die Schalotten 5 Min. sanft dünsten, bis sie weich sind. Restliche Butter und Tomaten zufügen und 5–8 Min. sanft garen, bis die Tomaten zu zerfallen beginnen. Basilikum sowie Salz und Pfeffer nach Geschmack unterrühren. Den Deckel auflegen und den Topf von der Kochstelle nehmen.

Zum Servieren
- 450 g frische Pasta
- Basilikumblätter
- frisch geriebener Parmesan

In der Zwischenzeit die Nudeln in reichlich kochendem Salzwasser in 1–2 Min. »al dente« garen. Gut abtropfen lassen und unter die Tomatensauce heben. Mit einigen zusätzlichen Basilikumblättern garniert sofort servieren. Dazu etwas frisch geriebenen Parmesan reichen.

NÄHRWERTANGABEN

Für 4 Personen
Portionsgröße 350 g
546 kcal/2294 kJ

Protein insgesamt	16,4 g
Kohlenhydrate insgesamt	65,9 g
Zucker	8 g
Fett insgesamt	26,2 g
Ges. Fettsäuren	13,3 g
Mehrfach unges. Fettsäuren	2,1 g
Einfach unges. Fettsäuren	8,7 g
Ballaststoffe	4,4 g
Natrium	474 mg
Cholesterin	227 mg

VIERTES KAPITEL

PASTA-FORMEN

Aus dem Pasta-Teig, den Sie mit Ihrer Nudelmaschine hergestellt haben, lassen sich die verschiedensten Nudeln formen. Wie dies gemacht wird, haben Sie zu Beginn dieses Buches erfahren. Da sich manche Nudeln für bestimmte Gerichte besser eignen als andere, sollten Sie die Nudeln stets unter Berücksichtigung der Sauce auswählen.

Garganelli mit Hähnchenbrust

Trockenaprikosen verleihen diesem Gericht zusätzlichen Reiz.

Sauce
- 250 g Hähnchenbrustfilet, ohne Haut
- 4 EL Olivenöl
- 2 Knoblauchzehen, in Scheiben geschnitten
- 1 rote Zwiebel, in dünne Spalten geschnitten
- 1 orangefarbene Paprikaschote, entkernt
- 50 g Trockenaprikosen, gehackt
- 1 EL frischer Rosmarin, gehackt
- 4 EL trockener Weißwein
- Salz und frisch gemahlener schwarzer Pfeffer

Zum Servieren
- 450 g frische Garganelli
- frisch geriebener Pecorino Romano

Das Hähnbrustfilet in schmale Streifen schneiden. Das Öl in einer Pfanne erhitzen. Knoblauch und Zwiebel darin 5 Min. dünsten, bis sie weich sind. Das Fleisch zufügen und unter Rühren etwa 3 Min. braten, bis die Poren rundum geschlossen sind.

Paprika, in dünne Scheiben geschnitten, Aprikosen und Rosmarin zufügen und 1 Min. garen, dann Wein sowie Salz und Pfeffer nach Geschmack zugeben. Zum Kochen bringen und zugedeckt 3–4 Minuten köcheln lassen, bis das Fleisch gar ist. Von der Kochstelle nehmen.

In der Zwischenzeit die Nudeln in reichlich kochendem Salzwasser in 1–2 Min. »al dente« garen. Abtropfen lassen, 2 EL des Garwassers auffangen. Nudeln mit Garwasser zu der Fleischmischung geben und unterheben. Sofort mit dem frisch geriebenen Käse servieren.

NÄHRWERTANGABEN

Für 4 Personen
Portionsgröße 280 g
558 kcal/2346 kJ

Protein insgesamt	27,5 g
Kohlenhydrate insgesamt	68,1 g
Zucker	10,3 g
Fett insgesamt	20,5 g
Ges. Fettsäuren	3,6 g
Mehrfach unges. Fettsäuren	2,3 g
Einfach unges. Fettsäuren	12,6 g
Ballaststoffe	4,1 g
Natrium	302 mg
Cholesterin	218 mg

Maltagliati mit Steinpilzen

Wenn frische Steinpilze nur schwer erhältlich sind, kann man auch getrocknete Steinpilze verwenden. Achten Sie beim Kauf darauf, daß die Packung nicht nur Stiele enthält. Denken Sie daran, die Pilze vor Gebrauch mindestens 30 Min. einzuweichen.

Sauce
- 25 g getrocknete Steinpilze
- 6 EL natives Olivenöl
- 4 geräucherte Knoblauchzehen, abgezogen und in Scheiben geschnitten
- 1 EL frischer Rosmarin, gehackt
- 1 EL frischer Salbei, gehackt
- 200 g Champignons, geputzt
- 4 EL trockener Weißwein
- 250 g grüne Bohnen, geputzt, in Scheiben geschnitten und blanchiert

Zum Servieren
- 450 g frische Maltagliati
- frisch geriebener Pecorino Romano
- Rosmarin- und Salbeizweige

Die Steinpilze etwa 30 Min. in warmem Wasser einweichen. Abtropfen lassen, in kleine Stücke schneiden und beiseite stellen. Das Öl in einem Topf erhitzen und den Knoblauch 2 Min. dünsten. Gehackte Kräuter, Steinpilze sowie in Scheiben geschnittene Champignons unterrühren und alles noch einmal 4 Min. dünsten. Wein und grüne Bohnen zufügen. Den Topfinhalt zum Kochen bringen, die Hitze reduzieren und alles zugedeckt 3 Min. köcheln lassen.

In der Zwischenzeit die Maltagliati in reichlich kochendem Salzwasser in 1–2 Min. »al dente« garen. Abtropfen lassen und wieder in den Topf geben. Die Sauce unterheben. Sofort mit dem geriebenen Käse bestreut und mit Salbei und Rosmarin garniert servieren.

NÄHRWERTANGABEN

Für 4 Personen
Portionsgröße 270 g
560 kcal/2347 kJ

Protein insgesamt	18,2 g
Kohlenhydrate insgesamt	61,3 g
Zucker	2,9 g
Fett insgesamt	27,8 g
Ges. Fettsäuren	5,5 g
Mehrfach unges. Fettsäuren	3,2 g
Einfach unges. Fettsäuren	16,9 g
Ballaststoffe	5 g
Natrium	226 mg
Cholesterin	183 mg

Pasta und Ratatouille

Ratatouille ist ein klassisches Mittelmeergericht, das mit Pasta kombiniert immer schmeckt. Die Tomaten aus der Dose können durch 700 g frische abgezogene Tomaten und 1 zusätzlichen EL Tomatenmark ersetzt werden.

NÄHRWERTANGABEN

Für 4 Personen
Portionsgröße 450 g
491 kcal/2071 kJ

Protein insgesamt	17,9 g
Kohlenhydrate insgesamt	67,4 g
Zucker	10,8 g
Fett insgesamt	17 g
Ges. Fettsäuren	4,4 g
Mehrfach unges. Fettsäuren	1,9 g
Einfach unges. Fettsäuren	9,3 g
Ballaststoffe	5,6 g
Natrium	316 mg
Cholesterin	12 mg

Sauce
- 1 Aubergine, geputzt und in Scheiben geschnitten
- Salz
- 4 EL Olivenöl
- 1 große Zwiebel, abgezogen
- 2–4 Knoblauchzehen, abgezogen und gehackt
- 200 g Zucchini, in Scheiben geschnitten
- 2 Dosen geschälte Tomaten (jeweils 400 g)
- 1 EL Tomatenmark
- 6 EL Rotwein
- frisch gemahlener schwarzer Pfeffer
- 1 EL frischer Oregano, gehackt
- 1 EL frische glattblättrige Petersilie, gehackt
- 100 g Champignons, geputzt und halbiert

Zum Servieren
- 300 g frische Orecchiette
- 100 g Mozzarella, in Scheiben geschnitten

Die Auberginenscheiben in einen Durchschlag schichten, dabei jede Lage mit Salz bestreuen. 30 Min. beiseite stellen. Abtropfen lassen, unter kaltem Wasser gut abwaschen und trockentupfen.

Das Öl in einer großen Pfanne erhitzen und Aubergine, in Ringe geschnittene Zwiebel, Knoblauch und Zucchini darin 5–8 Min. dünsten, bis sie weich sind. (Eventuell noch etwas Olivenöl zufügen, da Auberginen viel Öl aufsaugen.)

Die Tomaten zugeben. Das Tomatenmark mit dem Wein vermischen und mit Pfeffer, Oregano, Petersilie und Champignons in den Topf rühren. Zum Kochen bringen, dann die Hitze reduzieren und den Topfinhalt zugedeckt etwa 15 Min. köcheln lassen, bis die Gemüse weich sind.

In der Zwischenzeit die Orecchiette »al dente« garen. Abtropfen lassen und auf dem Boden einer ofenfesten Gratinform verteilen.

Die Sauce darübergießen und den Käse daraufgeben. Die Form für 5–8 Min. bei mittlerer Hitze unter den Grill setzen, bis der Käse geschmolzen und goldbraun ist.

Pasta und Ratatouille

Farfalle mit Lachs

Farfalle mit Lachs

Dieses Rezept eignet sich als Vorspeise, kann aber auch mit reichlich knusprigem Brot und knackigem Salat als Hauptgericht serviert werden. Es ist einfach zuzubereiten.

Sauce
- 200 g Brokkoliröschen
- 4 EL Butter
- 250 g Porree, in dünne Scheiben geschnitten
- 4 Eiertomaten, abgezogen, entkernt und gehackt
- 150 ml Doppelrahm oder Crème double
- 250 g Räucherlachs, in dünne Streifen geschnitten

Zum Servieren
- 450 g frische Farfalle
- frisch gemahlener schwarzer Pfeffer

Den Brokkoli in winzige Röschen teilen und diese 2 Min. in kochendem Wasser blanchieren. Abtropfen lassen und in kaltem Wasser abschrecken. Beiseite stellen.

Die Butter in einem Topf zerlassen und den Porree 4 Min. unter häufigem Rühren dünsten. Abgetropften Brokkoli, Tomaten, Rahm und Rächerlachs zufügen und erhitzen, dabei gelegentlich rühren. Den Deckel auflegen und beiseite stellen.

In der Zwischenzeit die Farfalle in reichlich kochendem Salzwasser in 1–2 Min. »al dente« garen. Abtropfen lassen und wieder in den Topf geben. Die Rahm-Lachs-Mischung unterheben und mit frisch gemahlenem schwarzem Pfeffer bestreut sofort servieren.

NÄHRWERTANGABEN

Für 4 Personen
Portionsgröße 430 g
749 kcal/3136 kJ

Protein insgesamt	31 g
Kohlenhydrate insgesamt	65,2 g
Zucker	7,4 g
Fett insgesamt	42,6 g
Ges. Fettsäuren	22 g
Mehrfach unges. Fettsäuren	3,5 g
Einfach unges. Fettsäuren	13,7 g
Ballaststoffe	6,1 g
Natrium	1363 mg
Cholesterin	281 mg

Garganelli mit Auberginen

Auberginen gibt es in vielfältigen Formen. Heute bestreut man sie vor dem Garen oft nicht mehr mit Salz. Bei jungen Auberginen ist dies ohnehin nicht notwendig.

Sauce
- 3 Knoblauchzehen, abgezogen
- 4 Schalotten, abgezogen
- 4–5 kleine Auberginen
- 6 EL Olivenöl
- 1 kleine rote Paprikaschote, entkernt und gehackt
- 1 kleine grüne Paprikaschote, entkernt und gehackt
- 2 Dosen geschälte Tomaten (jeweils 400 g)
- 1 EL frischer Rosmarin, gehackt
- Salz und frisch gemahlener schwarzer Pfeffer

Zum Servieren
- 450 g frische Garganelli
- frisch geriebener Parmesan

Knoblauch in Scheibchen, Schalotten in dünne Spalten und Auberginen in schmale Streifen schneiden. Im heißen Olivenöl etwa 10 Min. dünsten, bis sie weich sind. Paprika zugeben und 2 Min. dünsten, dann gehackte Tomaten, Rosmarin sowie Salz und Pfeffer nach Geschmack zufügen. Zum Kochen bringen, die Hitze reduzieren und alles 5–8 Min. köcheln lassen, bis eine dicke Sauce entstanden ist.

Die Garganelli in reichlich kochendem Salzwasser in 1–2 Min. »al dente« garen. Abtropfen lassen und wieder in den Topf geben. Auberginen-Tomaten-Sauce zufügen und unterheben. Mit dem geriebenen Käse bestreut servieren.

NÄHRWERTANGABEN

Für 4 Personen
Portionsgröße 530 g
588 kcal/2469 kJ

Protein insgesamt	18,6 g
Kohlenhydrate insgesamt	71,2 g
Zucker	12,4 g
Fett insgesamt	27,7 g
Ges. Fettsäuren	5,4 g
Mehrfach unges. Fettsäuren	3 g
Einfach unges. Fettsäuren	16,8 g
Ballaststoffe	7,1 g
Natrium	400 mg
Cholesterin	183 mg

Orecchiette mit Kräutern

Für dieses Rezept kann man alle möglichen Kräuter verwenden. Ihr Aroma ist noch besser, wenn man sie nicht in der Küchenmaschine zu einer Paste zerkleinert, sondern fein hackt.

NÄHRWERTANGABEN

Für 4 Personen
Portionsgröße 160 g
549 kcal/2299 kJ

Protein insgesamt	15,8 g
Kohlenhydrate insgesamt	58,9 g
Zucker	1,4 g
Fett insgesamt	29,7 g
Ges. Fettsäuren	11,8 g
Mehrfach unges. Fettsäuren	4,5 g
Einfach unges. Fettsäuren	11,1 g
Ballaststoffe	2,5 g
Natrium	332 mg
Cholesterin	218 mg

Sauce
- 4 EL Butter
- 2 Knoblauchzehen, abgezogen und feingehackt
- 6 EL gehackte frische Kräuter wie Basilikum, Oregano, glattblättrige Petersilie, Schnittlauch, Rosmarin und Salbei
- abgeriebene Schale und Saft von 1 unbehandelten Zitrone
- 25 g Pinienkerne, geröstet
- 1 EL natives Olivenöl extra

Zum Servieren
- 450 g frische Orecchiette
- frisch geriebener Parmesan

Die Butter in einer Pfanne zerlassen und den Knoblauch 3 Min. braten. Kräuter und abgeriebene Schale sowie Saft der Zitrone zufügen und 2 Min. dünsten. Die gerösteten Pinienkerne unterrühren.

In der Zwischenzeit die Orecchiette in kochendem Salzwasser in 1–2 Min. »al dente« garen. Abtropfen lassen, 2 EL Garwasser auffangen.

Nudeln und Garwasser wieder in den Topf geben und Kräutersauce und Olivenöl unterheben. Dann sofort mit dem geriebenen Parmesan servieren.

Brandelle nach Genueser Art

Diese Sauce paßt zu allen selbstgemachten ungefüllten Nudeln wie auch zu Ravioli und Tortelloni.

NÄHRWERTANGABEN

Für 4 Personen
Portionsgröße 345 g
545 kcal/2288 kJ

Protein insgesamt	20,4 g
Kohlenhydrate insgesamt	64,8 g
Zucker	6,6 g
Fett insgesamt	24,9 g
Ges. Fettsäuren	5,4 g
Mehrfach unges. Fettsäuren	2,6 g
Einfach unges. Fettsäuren	14,3 g
Ballaststoffe	3,8 g
Natrium	419 mg
Cholesterin	302 mg

Sauce
- 4 EL Olivenöl
- 1 große Zwiebel, abgezogen und gehackt
- 2 Knoblauchzehen, abgezogen und feingehackt
- 600 ml passierte Tomaten
- 1 EL frische Basilikumblätter, zerzupft
- Salz und frisch gemahlener schwarzer Pfeffer
- 2 Eier, verquirlt

Zum Servieren
- 450 g frische Brandelle
- 50 g Parmesan, frisch gerieben

Das Öl in einem großen Topf erhitzen und Zwiebel und Knoblauch darin etwa 8 Min. dünsten, bis sie sehr weich sind. Passierte Tomaten zugeben und zum Kochen bringen. Die Hitze reduzieren und den Topfinhalt 10 Min. köcheln lassen. Basilikumblätter sowie Salz und Pfeffer nach Geschmack zufügen.

In der Zwischenzeit die Nudeln in reichlich kochendem Salzwasser in 1–2 Min. »al dente« garen. Abtropfen lassen.

Die Sauce behutsam wieder erhitzen, aber nicht kochen lassen. Die Eier unterschlagen. Die Sauce sanft garen und weiterschlagen, bis sie dick wird.

Nudeln und Parmesan zufügen und unterheben. Dann sofort servieren.

Orecchiette mit Kräutern

Maltagliati mit Lamm und Schnittlauch

Für dieses Rezept kann auch gehacktes Lammfleisch verwendet werden. Ich ziehe es jedoch vor, Lammkeule zu kaufen und das Fleisch in kleine Stücke zu schneiden.

NÄHRWERTANGABEN

Für 4 Personen
Portionsgröße 355 g
587 kcal/2467 kJ

Protein insgesamt	30,8 g
Kohlenhydrate insgesamt	63,6 g
Zucker	5,5 g
Fett insgesamt	24,2 g
Ges. Fettsäuren	3,8 g
Mehrfach unges. Fettsäuren	2 g
Einfach unges. Fettsäuren	10,7 g
Ballaststoffe	3,4 g
Natrium	404 mg
Cholesterin	182 mg

Sauce

- 3 EL Olivenöl
- 2 Knoblauchzehen, abgezogen und feingehackt
- 1 große Zwiebel, abgezogen und gehackt
- 300 g mageres Lammfleisch, pariert und in kleine Stücke geschnitten
- 1 Dose geschälte Tomaten (400 g)
- 1 EL Tomatenmark
- 4 EL Rotwein
- 1 EL frische Schnittlauchröllchen
- Salz und frisch gemahlener schwarzer Pfeffer

Zum Servieren

- 450 g frische Maltagliati
- 2–3 EL frisch geriebener Parmesan
- zusätzliche frische Schnittlauchröllchen

Das Öl in einem Topf erhitzen. Knoblauch und Zwiebel darin 5 Min. dünsten, bis sie weich sind. Das Fleisch zufügen und unter häufigem Rühren 5 Min. bräunen.

Geschälte Tomaten, mit 2 EL Wasser verrührtes Tomatenmark und Rotwein zufügen. Zum Kochen bringen, dann die Hitze reduzieren und alles zugedeckt etwa 40 Min. köcheln lassen, bis eine dicke Sauce entstanden ist. Schnittlauchröllchen sowie Salz und Pfeffer nach Geschmack zufügen und die Sauce noch einmal 5 Min. köcheln lassen.

Die Nudeln »al dente« garen. Abtropfen lassen und wieder in den Topf geben, dann die Sauce unterheben. Mit Parmesan und Schnittlauchröllchen bestreut servieren.

Maltagliati mit Spargel und Maiskölbchen

Maltagliati *bedeutet zerrissen oder zerschnitten und bezieht sich auf die Form der Nudeln. Vegetarier können den Parmaschinken durch eine größere Menge gerösteter Pinienkerne ersetzen.*

NÄHRWERTANGABEN

Für 4 Personen
Portionsgröße 315 g
742 kcal/3098 kJ

Protein insgesamt	23,5 g
Kohlenhydrate insgesamt	62,8 g
Zucker	5,1 g
Fett insgesamt	46 g
Ges. Fettsäuren	22,4 g
Mehrfach unges. Fettsäuren	5 g
Einfach unges. Fettsäuren	15 g
Ballaststoffe	4,1 g
Natrium	1033 mg
Cholesterin	267 mg

Sauce

- 25 g Butter
- 1 Zwiebel, abgezogen und in dünne Ringe geschnitten
- 8–10 Stangen Spargel, geputzt und in 5 cm lange Stücke geschnitten
- 100 g Maiskölbchen, in kleine Stücke geschnitten
- 200 ml Doppelrahm oder Crème double
- 25 g Pinienkerne, geröstet
- 1 EL frisches Basilikum, gehackt
- 100 g Parmaschinken, in Streifen geschnitten
- Salz und frisch gemahlener schwarzer Pfeffer
- 25 g Parmesan, frisch gerieben

Zum Servieren

- 450 g frische Maltagliati

Die Butter in einem Topf zerlassen und die Zwiebelringe 5 Min. dünsten, bis sie weich sind. Spargelstücke zufügen und 2 Min. dünsten, dann Mais und Rahm zugeben.

Die Sauce zum Kochen bringen, dann die Hitze reduzieren und alles 2 Min. köcheln lassen. Pinienkerne, Basilikum, Parmaschinken, Salz und Pfeffer nach Geschmack sowie Parmesan zufügen. Erhitzen, umrühren und den Deckel auflegen. Von der Kochstelle nehmen.

In der Zwischenzeit die Nudeln in reichlich kochendem Salzwasser in 1–2 Min. »al dente« garen. Abtropfen lassen und wieder in den Topf geben. Die Sauce unter die Nudeln heben und sofort servieren.

Maltagliati mit Lamm und Schnittlauch

Maccaroni mit Paprika, Chillies und Basilikum

Maccaroni mit Paprika, Chillies und Basilikum

Bei Chillies kann man sich leicht in der Schärfe täuschen. Entfernen Sie sowohl Samen als auch Rippen. Als Faustregel gilt: Je kleiner die Chilischote, desto schärfer ist sie.

Sauce
- 2 rote Paprikaschoten, entkernt
- 2 gelbe Paprikaschoten, entkernt
- 2 grüne Paprikaschoten, entkernt
- 1–3 Jalapeño-Chillies, entkernt
- 4 EL Olivenöl
- 1 große Zwiebel, in dünne Ringe geschnitten
- 3 geräucherte Knoblauchzehen, abgezogen und in Scheiben geschnitten
- 500 g passierte Tomaten
- Salz und frisch gemahlener schwarzer Pfeffer
- einige Stengel violettes Basilikum

Zum Servieren
- 450 g frische Maccaroni
- violettes Basilikum
- frisch geriebener Pecorino Romano

Den Grill auf hoher Stufe vorheizen. Paprika und Chillies 10 Min. darunterlegen, bis ihre Haut blasig ist. Herausnehmen und zum Abkühlen in einen Folienbeutel legen. Dann abziehen und in schmale Streifen schneiden.

Das Öl in einem großen Topf erhitzen. Zwiebel und Knoblauch darin etwa 5 Min. dünsten, bis sie weich sind. Paprika, Chillies und passierte Tomaten zufügen und zum Kochen bringen.

Den Deckel auflegen und die Hitze reduzieren. 5–8 Min. köcheln lassen, bis die Sauce dick ist. Salz und Pfeffer sowie Basilikum zufügen.

In der Zwischenzeit die Nudeln in reichlich kochendem Salzwasser in 1–2 Min. »al dente« garen. Abtropfen lassen und wieder in den Topf geben. Die Sauce unterheben, dann sofort mit violettem Basilikum garniert servieren, den geriebenen Pecorino Romano getrennt reichen.

NÄHRWERTANGABEN

Für 4 Personen
Portionsgröße 515 g
553 kcal/2326 kJ

Protein insgesamt	18,7 g
Kohlenhydrate insgesamt	74,8 g
Zucker	16 g
Fett insgesamt	22,2 g
Ges. Fettsäuren	4,6 g
Mehrfach unges. Fettsäuren	2,6 g
Einfach unges. Fettsäuren	12,8 g
Ballaststoffe	7 g
Natrium	374 mg
Cholesterin	183 mg

Farfalle mit Mortadella

Beim Abtropfen der Nudeln sollte man stets etwas Garwasser auffangen, denn es gibt nichts Beßres, um Nudeln zu befeuchten oder dicke Saucen zu verdünnen.

Sauce
- 3 EL Olivenöl
- 250 g Porree, in Scheiben geschnitten
- 2–3 Knoblauchzehen, in Scheiben geschnitten
- 1 Dose geschälte Tomaten (400 g)
- 150 ml Rotwein
- 200 g Mortadella, in Scheiben und dann in schmale Streifen geschnitten
- 2 EL frische glattblättrige Petersilie, gehackt

Zum Servieren
- 450 g frische Farfalle

Das Öl in einer Pfanne erhitzen. Porree und Knoblauch darin 5 Min. dünsten. Geschälte Tomaten und Rotwein zufügen.

Alles zum Kochen bringen, dann die Hitze reduzieren und die Zutaten zugedeckt 10 Min. köcheln lassen, bis die Sauce etwa um die Hälfte eingekocht ist. Die Mortadellastreifen zufügen und leicht köcheln lassen.

In der Zwischenzeit die Farfalle in reichlich kochendem Salzwasser in 1–2 Min. »al dente« garen. Abtropfen lassen und wieder in den Topf geben. Sauce und Petersilie zufügen und unterheben. Dann sofort servieren und dazu getrennt geriebenen Parmesan reichen.

NÄHRWERTANGABEN

Für 4 Personen
Portionsgröße 375 g
597 kcal/2506 kJ

Protein insgesamt	21,2 g
Kohlenhydrate insgesamt	64 g
Zucker	5,4 g
Fett insgesamt	27,7 g
Ges. Fettsäuren	7 g
Mehrfach unges. Fettsäuren	3,1 g
Einfach unges. Fettsäuren	15,3 g
Ballaststoffe	4,6 g
Natrium	685 mg
Cholesterin	205 mg

Maltagliati mit Anchovis

Anchovis sollte man vor Verwendung etwa 30 Min. in etwas Milch legen, um überschüssiges Salz zu entfernen. Dann abtropfen lassen und trockentupfen. Farben und Aromen dieses einfachen Gerichtes erfreuen Auge und Gaumen gleichermaßen.

NÄHRWERTANGABEN

Für 4 Personen
Portionsgröße 285 g
557 kcal/2339 kJ

Protein insgesamt	26 g
Kohlenhydrate insgesamt	67,8 g
Zucker	5 g
Fett insgesamt	22,4 g
Ges. Fettsäuren	3,9 g
Mehrfach unges. Fettsäuren	2,7 g
Einfach unges. Fettsäuren	11,2 g
Ballaststoffe	6,6 g
Natrium	1225 mg
Cholesterin	183 mg

Sauce
- 250 g Zuckerschoten
- 3 EL Olivenöl
- 1 rote Zwiebel, in dünne Ringe geschnitten
- 2 Knoblauchzehen, abgezogen und feingehackt
- 100 g Parmaschinken
- 200 g grüne Blätter vom Weißkohl
- 50 g Anchovisfilets, abgetropft und 30 Min. in Milch gelegt
- Salz und frisch gemahlener schwarzer Pfeffer

Zum Servieren
- 450 g frische Maltagliati
- frisch geriebener Pecorino Romano

Die Zuckerschoten in leicht gesalzenem kochendem Wasser 2–3 Min. garen, bis sie weich sind. Dann abtropfen lassen und beiseite stellen. Das Öl in einem Topf erhitzen. Zwiebel und Knoblauch darin etwa 5 Min. dünsten, bis sie weich sind. Schinken und Kohl in schmale Streifen schneiden. Zusammen mit den Zuckerschoten zufügen und 3 Min. garen.

In der Zwischenzeit die Nudeln in reichlich kochendem Salzwasser in 1–2 Min. »al dente« garen. Abtropfen lassen, 4 EL des Garwassers auffangen.

Das Garwasser mit Anchovis sowie Salz und Pfeffer nach Geschmack zu der Zuckerschotenmischung geben, dann die Nudeln unterheben. Mit dem frisch geriebenen Käse servieren.

Orecchiette mit Bratwurst und Pancetta

Pancetta wird auf die gleiche Weise gesalzen wie Prosciutto, aber nicht geräuchert. Statt Pancetta kann man auch geräucherten mageren Speck verwenden.

NÄHRWERTANGABEN

Für 4 Personen
Portionsgröße 510 g
774 kcal/3240 kJ

Protein insgesamt	25,5 g
Kohlenhydrate insgesamt	71,6 g
Zucker	9,3 g
Fett insgesamt	39,6 g
Ges. Fettsäuren	16,5 g
Mehrfach unges. Fettsäuren	4,1 g
Einfach unges. Fettsäuren	16,1 g
Ballaststoffe	4,9 g
Natrium	1177 mg
Cholesterin	238 mg

Sauce
- 50 g Butter
- 1 Zwiebel, abgezogen und in Ringe geschnitten
- 100 g Pancetta, in kleine Stücke geschnitten
- 250 g Bratwurst, gehäutet
- 300 ml Rotwein
- einige Salbeistengel
- 8 Eiertomaten, abgezogen, entkernt und gehackt
- ¼ TL frisch geriebene Muskatnuß

Zum Servieren
- 450 g frische Orecchiette
- frisch geriebener Parmesan

Die Butter in einem Topf zerlassen. Zwiebel und Pancetta darin etwa 5 Min. braten, bis die Zwiebel weich und der Schinken goldbraun ist. Die Wurstfüllung zu Bällchen rollen, zugeben und etwa 5 Min. braten, bis sie gut gebräunt sind. Wein, Salbei und Tomaten zufügen und zum Kochen bringen. Den Deckel auflegen und alles zugedeckt 5 Min. köcheln lassen, dabei gelegentlich rühren.

In der Zwischenzeit die Nudeln in reichlich kochendem Salzwasser in 1–2 Min. »al dente« garen. Abtropfen lassen und wieder in den Topf geben. Die Sauce mit Muskatnuß würzen und unter die Nudeln heben. Mit dem Käse bestreut sofort servieren.

Maltagliati mit Anchovis

Fusilli mit Rindfleisch

Fusilli mit Rindfleisch

Basis für dieses Rezept ist das korsische Gericht Stufatu. *Einige zusätzliche Zutaten machen es herzhaft und sättigend.*

Sauce
- 1 große Zwiebel, abgezogen und gehackt
- 2–3 Knoblauchzehen, abgezogen und zerdrückt
- 2 EL Olivenöl
- 500 g Nackensteak, pariert und gewürfelt
- 2 EL gewürztes Mehl
- 150 ml Rotwein
- 500 ml Rinderbrühe
- Salz und frisch gemahlener schwarzer Pfeffer
- 2 EL frischer Oregano, gehackt
- 4–6 kleine Möhren, geputzt
- 250 g Porree, blanchiert und in Scheiben geschnitten

Zum Servieren
- 300 g frische Fusilli
- frisch geriebener Parmesan
- gehackter frischer Oregano

Zwiebel und Knoblauch im heißen Öl 5 Min. dünsten, bis sie weich, aber nicht gebräunt sind.

Das Fleisch im gewürzten Mehl wenden, dann in den Topf geben und unter häufigem Rühren bräunen. Mit dem restlichen Mehl bestreuen und 2 Min. garen. Langsam Wein und Brühe unterrühren. Unter Rühren zum Kochen bringen. Dann mit Salz und Pfeffer nach Geschmack sowie Oregano würzen. In einen Schmortopf geben und zugedeckt 1½ Std. garen.

Große Möhren ggf. halbieren. Die Möhren in kochendem Wasser 3 Min. garen. Abtropfen lassen und zusammen mit dem Porree in den Schmortopf geben. Alles noch einmal etwa 30 Min. garen, bis das Fleisch weich ist.

In der Zwischenzeit die Nudeln in reichlich kochendem Salzwasser in 1–2 Min. »al dente« garen. Abtropfen lassen und in den Fleischtopf rühren. Mit Parmesan und Oregano bestreut sofort servieren.

NÄHRWERTANGABEN

Für 4 Personen
Portionsgröße 430 g
598 kcal/2524 kJ

Protein insgesamt	39,6 g
Kohlenhydrate insgesamt	74,5 g
Zucker	10 g
Fett insgesamt	15,35 g
Ges. Fettsäuren	4,7 g
Mehrfach unges. Fettsäuren	2 g
Einfach unges. Fettsäuren	7,2 g
Ballaststoffe	6,7 g
Natrium	531 mg
Cholesterin	70 mg

Brandelle mit Steinpilzen und Anchovis

Dieses Rezept wird auf genau die gleiche Weise wie Pesto zubereitet. Die fertige Sauce bewahrt man mit einer dünnen Schicht Olivenöl bedeckt in einem Glas im Kühlschrank auf. Sie sollte innerhalb von 24 Std. verbraucht werden.

Sauce
- 15 g getrocknete Steinpilze
- 6–8 EL Olivenöl
- 2 feste Tomaten, abgezogen, entkernt und gehackt
- 50 g Pinienkerne
- 4 Knoblauchzehen
- Blätter von 1 kleinem Bund Basilikum
- 4 Anchovisfilets, 30 Min. in Milch gelegt, dann gehackt

Zum Servieren
- 450 g frische Brandelle
- frisch geriebener Parmesan

Die Steinpilze 30 Min. in warmen Wasser einweichen. Abtropfen lassen und hacken, das Weichwasser aufbewahren. Die Steinpilze in 2 EL Öl 2 Min. sanft dünsten. Das Weichwasser durch ein feines Sieb in die Pfanne gießen und kochen lassen, bis es fast verdampft ist. Die Tomaten zufügen und 1 Min. erhitzen.

Die Pilzmischung mit Pinienkernen, Knoblauch, Basilikum und Anchovis im Mixer 1 Min. pürieren, dann bei laufendem Motor nach und nach das restliche Öl zufügen, bis eine dicke Paste entstanden ist.

In der Zwischenzeit die Nudeln in reichlich kochendem Salzwasser in 1–2 Min. »al dente« garen. Abtropfen lassen und wieder in den Topf geben. Die Pilzsauce unterheben. Mit geriebenem Parmesan bestreut sofort servieren.

NÄHRWERTANGABEN

Für 4 Personen
Portionsgröße 215 g
650 kcal/2715 kJ

Protein insgesamt	18,4 g
Kohlenhydrate insgesamt	60,8 g
Zucker	3,1 g
Fett insgesamt	38,9 g
Ges. Fettsäuren	5,3 g
Mehrfach unges. Fettsäuren	8,2 g
Einfach unges. Fettsäuren	20,9 g
Ballaststoffe	3,6 g
Natrium	564 mg
Cholesterin	178 mg

Lamm-Nudel-Auflauf

Dieses Gericht kann im voraus zubereitet und später gegart werden. Dann sollte die Sauce aber eine etwas dünnere Konsistenz haben, da die Nudeln mehr Sauce aufnehmen, als wenn das Gericht sofort gegart wird.

NÄHRWERTANGABEN

Für 4 Personen
Portionsgröße 270 g
520 kcal/2169 kJ

Protein insgesamt	17,3 g
Kohlenhydrate insgesamt	35,4 g
Zucker	5 g
Fett insgesamt	32,6 g
Ges. Fettsäuren	5,9 g
Mehrfach unges. Fettsäuren	11,9 g
Einfach unges. Fettsäuren	12,8 g
Ballaststoffe	2 g
Natrium	620 mg
Cholesterin	42 mg

Sauce

- 2 EL Olivenöl
- 1 Zwiebel, abgezogen und gehackt
- 2 Knoblauchzehen, abgezogen und zerdrückt
- 8 sonnengetrocknete Tomaten, gehackt
- 1 rote Paprikaschote, entkernt und gehackt
- 250 g mageres Lammfleisch, pariert und gewürfelt
- 150 ml Rotwein
- 300 g passierte Tomaten
- 1 EL frischer Oregano, gehackt
- Salz und frisch gemahlener schwarzer Pfeffer

Zum Servieren

- 225 g frische Farfalle
- 100 g Mozzarella, gerieben

Den Backofen 10 Min. vor Garen des Gerichtes auf 190 °C vorheizen.

Das Öl in einer Pfanne erhitzen. Zwiebel, Knoblauch, sonnengetrocknete Tomaten und rote Paprika darin 5 Min. dünsten, bis sie weich sind. Das Fleisch zufügen und etwa 3 Min. braten. Rotwein, passierte Tomaten, Oregano sowie Salz und Pfeffer zufügen. 5 Min. köcheln lassen, dann von der Kochstelle nehmen.

In der Zwischenzeit die Farfalle in reichlich kochendem Salzwasser in etwa 1 Min. »al dente« garen. Abtropfen lassen und wieder in den Topf geben. Fleisch mit Sauce zufügen und unterheben.

Die Mischung in eine ofenfeste Form füllen und den geriebenen Käse darübergeben. Den Auflauf im vorgeheizten Ofen 20 Min. backen, bis der Käse geschmolzen und goldbraun ist.

Farfalle mit Putenbrust und Steinpilzen

Da Putenfleisch sehr kalorienarm ist, sollte es ruhig öfter auf Ihrer Speisekarte stehen.

NÄHRWERTANGABEN

Für 4 Personen
Portionsgröße 320 g
527 kcal/2216 kJ

Protein insgesamt	29,1 g
Kohlenhydrate insgesamt	62,5 g
Zucker	4,8 g
Fett insgesamt	18,2 g
Ges. Fettsäuren	3,4 g
Mehrfach unges. Fettsäuren	2,5 g
Einfach unges. Fettsäuren	10,5 g
Ballaststoffe	4,8 g
Natrium	300 mg
Cholesterin	210 mg

Sauce

- 25 g getrocknete Steinpilze
- 1 rote Paprikaschote, entkernt
- 1 grüne Paprikaschote, entkernt
- 3 EL Olivenöl
- 2 Knoblauchzehen, in dünne Scheiben geschnitten
- 250 g Putenbrustfleisch, pariert und in dünne Scheiben geschnitten
- 100 g Champignons, in Scheiben geschnitten
- 6 EL trockener Weißwein
- Salz und frisch gemahlener schwarzer Pfeffer
- 2 EL frische glattblättrige Petersilie, gehackt

Zum Servieren

- 450 g frische Farfalle
- frisch geriebener Parmesan

Die Steinpilze etwa 30 Min. in warmem Wasser einweichen. Abtropfen lassen, fein hacken und beiseite stellen.

Den Grill auf hoher Stufe vorheizen und die Paprika 10 Min. darunterlegen, bis die Haut blasig ist. Herausnehmen und in einem Folienbeutel abkühlen lassen. Die Haut abziehen und in dünne Streifen schneiden.

Das Öl in einer Pfanne erhitzen. Knoblauch und Putenfleisch etwa 5 Min. braten, bis sich die Fleischporen geschlossen haben. Steinpilze und Champignons zufügen und 3 Min. dünsten.

Paprikastreifen und Wein zugeben und 5 Min. köcheln lassen. Salz, Pfeffer und Petersilie zufügen. Zudecken und von der Kochstelle nehmen.

In der Zwischenzeit die Farfalle in reichlich kochendem Salzwasser in 1–2 Min. »al dente« garen. Abtropfen lassen und auf einer warmen Servierplatte anrichten. Die Sauce daraufgeben und den geriebenen Parmesan darüberstreuen.

Lamm-Nudel-Auflauf

Fusilli mit Artischocken

Frische Artischocken schmecken hervorragend, doch leider sind sie nicht das ganze Jahr über erhältlich. In diesem Rezept werden deshalb Artischockenherzen aus der Dose verwendet.

NÄHRWERTANGABEN

Für 4 Personen
Portionsgröße 320 g
586 kcal/2458 kJ

Protein insgesamt	21,4 g
Kohlenhydrate insgesamt	63,7 g
Zucker	4,7 g
Fett insgesamt	29,9 g
Ges. Fettsäuren	10,6 g
Mehrfach unges. Fettsäuren	2,6 g
Einfach unges. Fettsäuren	14,3 g
Ballaststoffe	2,8 g
Natrium	658 mg
Cholesterin	212 mg

Sauce
- 3 EL Olivenöl
- 1 rote Zwiebel, in dünne Spalten geschnitten
- 100 g Parmaschinken, etwa 5 mm dick geschnitten
- 1 Dose Artischockenherzen (400 g)
- 100 g Kirschtomaten, halbiert
- Saft von 1 Zitrone
- 6 EL Doppelrahm oder Crème double

Zum Servieren
- 450 g frische Fusilli
- frisch geriebener Pecorino Romano

Das Öl in einer Pfanne erhitzen und die Zwiebel etwa 5 Min. dünsten, bis sie weich ist. Den Schinken vom Fett befreien und in Streifen schneiden. Artischockenherzen abtropfen lassen und vierteln, dann mit Schinken, Tomaten und Zitronensaft in die Pfanne geben.

Die Zutaten zum Kochen bringen, dann zugedeckt 5 Min. köcheln lassen, bis sie heiß sind. Den Rahm unterrühren, den Deckel wieder auflegen und die Sauce von der Kochstelle nehmen.

In der Zwischenzeit die Fusilli »al dente« garen. Abtropfen lassen und in den Topf geben. Die Artischockenmischung unterheben und servieren, den geriebenen Käse getrennt reichen.

Orecchiette mit viererlei Käse

Die Käsesorten können Sie ganz nach Ihrem persönlichen Geschmack auswählen, doch sollte wenigstens eine Fäden ziehen wie etwa Greyerzer oder Emmentaler.

NÄHRWERTANGABEN

Für 4 Personen
Portionsgröße 230 g
717 kcal/2997 kJ

Protein insgesamt	29,1 g
Kohlenhydrate insgesamt	59,4 g
Zucker	2 g
Fett insgesamt	42,2 g
Ges. Fettsäuren	18,6 g
Mehrfach unges. Fettsäuren	8 g
Einfach unges. Fettsäuren	12,6 g
Ballaststoffe	3,2 g
Natrium	723 mg
Cholesterin	250 mg

Sauce
- 50 g Greyerzer
- 50 g Gorgonzola oder Dolcelatte
- 50 g geräucherter Mozzarella
- 50 g Pecorino Romano, frisch gerieben
- 50 g Butter
- 2 Stangen Staudensellerie, geputzt und feingehackt
- 8 Frühlingszwiebeln, geputzt
- 50 g Walnußhälften, grobgehackt

Zum Servieren
- 450 g frische Orecchiette
- glattblättrige Petersilie
- abgeriebene Schale von 1 unbehandelten Zitrone

Greyerzer, Gorgonzola und Mozzarella in kleine Würfel schneiden und mit dem Pecorino in eine Schüssel geben. Vermischen und beiseite stellen.

Die Butter in einer Pfanne zerlassen. Den Sellerie darin 3 Min. sanft dünsten. Frühlingszwiebeln schräg in Scheiben schneiden, zufügen und 1–2 Min. garen. Die Walnüsse untermischen, den Deckel auflegen und den Topf von der Kochstelle nehmen.

In der Zwischenzeit die Nudeln in reichlich kochendem Salzwasser in 1–2 Min. »al dente« garen. Abtropfen lassen und wieder in den Topf geben. Frühlingszwiebelmischung und Käse zufügen und unterheben. Vorsichtig erhitzen, bis der Käse zu schmelzen beginnt. Dann sofort mit Petersilie und abgeriebener Zitronenschale garniert servieren.

FÜNFTES KAPITEL

LANGE PASTA

Die langen Pasta-Sorten lassen sich am einfachsten herstellen. Die Sauce sollte diese Nudeln nur überziehen, so dass das Gleichgewicht von Aroma und Konsistenz erhalten bleibt. Es gibt viele verschiedene Pasta-Typen unterschiedlicher Länge und Breite. In Italien tragen sie von Region zu Region andere Namen, doch alle werden »pasta lunga« genannt.

TAGLIATELLE MIT KNOBLAUCH UND MEERESFRÜCHTEN

Entlang der italienischen Küste gibt es ein vielfältiges Angebot an Meeresfrüchten, die sich großartig mit Pasta kombinieren lassen.

NÄHRWERTANGABEN

Für 4 Personen
Portionsgröße 390 g
693 kcal/2910 kJ

Protein insgesamt	48,2 g
Kohlenhydrate insgesamt	61,9 g
Zucker	1,4 g
Fett insgesamt	27,7 g
Ges. Fettsäuren	4,8 g
Mehrfach unges. Fettsäuren	3,3 g
Einfach unges. Fettsäuren	16,8 g
Ballaststoffe	2,4 g
Natrium	514 mg
Cholesterin	481 mg

Sauce

- 12 frische Herzmuscheln in der Schale
- 16 frische Miesmuscheln in der Schale
- 250 g große rohe Garnelen
- 250 g Kalmar
- 2–3 Knoblauchzehen, abgezogen und zerdrückt
- 1–2 Serrano-Chillies, entkernt und gehackt
- 6 EL natives Olivenöl
- 125 ml trockener Weißwein
- Salz und frisch gemahlener schwarzer Pfeffer

Zum Servieren

- 450 g frische Tagliatelle
- glattblättrige Petersilie
- frisch gehackte Chilischote

Die Muscheln bürsten und entbarten, dann 30 Min. in kaltes Wasser legen. Geöffnete Muscheln wegwerfen. Die Garnelen schälen und den Darm entfernen. Den Kalmar säubern und in Ringe schneiden.

Knoblauch und Chillies im heißen Öl etwa 5 Min. dünsten, bis sie weich, aber nicht gebräunt sind. Die Meeresfrüchte zufügen und 5–8 Min. unter Rühren garen. Den Wein zugießen und 2–3 Min. köcheln lassen. Nicht geöffnete Muscheln wegwerfen.

In der Zwischenzeit die Tagliatelle in kochendem Salzwasser »al dente« garen. Abtropfen lassen. Die Sauce mit Salz und Pfeffer abschmekken und unter die Nudeln heben. Mit Petersilie und Chilischote garniert sofort servieren.

PUTENFLEISCH ALLA BOLOGNESE

Bei Spaghetti denkt man unwillkürlich an die traditionelle Bologneser Sauce, die in Italien ragù *genannt wird. Diese Sauce kann auch mit anderen Fleischsorten zubereitet werden. Gut eignet sich etwa Putenfleisch.*

NÄHRWERTANGABEN

Für 4 Personen
Portionsgröße 470 g
581 kcal/2445 kJ

Protein insgesamt	34,3 g
Kohlenhydrate insgesamt	70,3 g
Zucker	11,9 g
Fett insgesamt	17,5 g
Ges. Fettsäuren	4,1 g
Mehrfach unges. Fettsäuren	2,2 g
Einfach unges. Fettsäuren	9,3 g
Ballaststoffe	5,4 g
Natrium	455 mg
Cholesterin	236 mg

Sauce

- 2 EL Olivenöl
- 1 Zwiebel, abgezogen und gehackt
- 2–3 Knoblauchzehen, abgezogen und feingehackt
- 1 Serrano-Chilischote, entkernt und gehackt
- 1 kleine rote Paprikaschote, entkernt und feingehackt
- 2 Stangen Staudensellerie, geputzt und feingehackt
- 200 g Möhren, feingewürfelt
- 300 g Putenfleisch, gehackt
- 1 Dose geschälte Tomaten (400 g)
- 2 EL Tomatenmark
- 150 ml trockener Weißwein
- Salz und frisch gemahlener schwarzer Pfeffer
- 1 EL frischer Oregano, gehackt

Zum Servieren

- 450 g frische Spaghetti
- 1 EL frischer Oregano, gehackt
- frisch geriebener Parmesan

Das Öl in einer Pfanne erhitzen. Zwiebel, Knoblauch, Chilischote, Paprika, Staudensellerie und Möhren etwa 5–6 Min. dünsten, bis die Zwiebel weich ist. Das Putenfleisch zufügen und etwa 5 Min. unter Rühren bräunen.

Die geschälten Tomaten zugeben. Das Tomatenmark mit dem Weißwein vermischen und in die Pfanne rühren. Salz, Pfeffer und 1 EL gehackten frischen Oregano zufügen. Die Mischung zum Kochen bringen, dann die Hitze reduzieren. Den Deckel auflegen und die Sauce etwa 15 Min. köcheln lassen, bis sie dick geworden ist.

In der Zwischenzeit die Spaghetti »al dente« garen. Abtropfen lassen, wieder in den Topf geben und die Sauce unterheben. Mit Oregano bestreut servieren. Den Käse getrennt reichen.

Tagliatelle mit Knoblauch und Meeresfrüchten

Spaghetti mit Garnelen und Spargel

Pasta darf nie in Sauce schwimmend serviert werden, die Sauce sollte die Nudeln nur überziehen. Falls gewünscht, kann der Spargel blanchiert werden.

NÄHRWERTANGABEN

Für 4 Personen
Portionsgröße 310 g
680 kcal/2842 kJ

Protein insgesamt	25,6 g
Kohlenhydrate insgesamt	61,9 g
Zucker	4,3 g
Fett insgesamt	38,6 g
Ges. Fettsäuren	20,4 g
Mehrfach unges. Fettsäuren	2,3 g
Einfach unges. Fettsäuren	12,7 g
Ballaststoffe	3,6 g
Natrium	435 mg
Cholesterin	367 mg

Sauce
- 8–10 Stangen frischer grüner Spargel, geschält
- 25 g Butter
- 2 Schalotten, abgezogen und gehackt
- 1–2 Knoblauchzehen, abgezogen und in Scheiben geschnitten
- 250 g rohe Garnelen, geschält, der Darm entfernt
- 200 ml Doppelrahm oder Crème double
- Salz und frisch gemahlener schwarzer Pfeffer

Zum Servieren
- 450 g frische Spaghetti

Den Spargel in 2,5 cm lange Stücke schneiden. Die Butter in einem Topf zerlassen. Schalotten und Knoblauch etwa 5 Min. dünsten, bis sie weich sind. Den Spargel zufügen und 2 Min. garen.

Die Garnelen zugeben und unter Rühren bei mittlerer Hitze garen, bis sie sich rosa färben. Den Rahm unterrühren. Die Sauce weitergaren, bis die Sahne etwa auf die Hälfte eingekocht ist. Den Deckel auflegen und den Topf von der Kochstelle nehmen.

In der Zwischenzeit die Spaghetti »al dente« garen. Abtropfen lassen, wieder in den Topf geben und die Sauce unterheben. Mit Salz und Pfeffer abschmecken und sofort servieren.

Fettuccine mit Fenchel-Paprika-Sauce

Wenn man Fenchel verwendet, sollte man stets das zarte Grün aufbewahren, da es sich ausgezeichnet zum Garnieren des fertigen Gerichtes eignet. Der geräucherte Knoblauch und das anisartige Aroma des Fenchels passen wunderbar zusammen.

NÄHRWERTANGABEN

Für 4 Personen
Portionsgröße 350 g
581 kcal/2439 kJ

Protein insgesamt	18,1 g
Kohlenhydrate insgesamt	68,6 g
Zucker	10,4 g
Fett insgesamt	28,2 g
Ges. Fettsäuren	5,9 g
Mehrfach unges. Fettsäuren	2,9 g
Einfach unges. Fettsäuren	17,1 g
Ballaststoffe	6,2 g
Natrium	356 mg
Cholesterin	186 mg

Sauce
- 2 rote Paprikaschoten, entkernt und geviertelt
- 2 gelbe Paprikaschoten, entkernt und geviertelt
- 6 EL Olivenöl
- Salz und frisch gemahlener schwarzer Pfeffer
- 1 große Fenchelknolle, geputzt
- 4–5 geräucherte Knoblauchzehen, abgezogen und in Scheiben geschnitten

Zum Servieren
- 450 g frische Fettuccine
- einige Stengel Basilikum
- Fenchelgrün
- 4 EL frisch geriebener Parmesan

Den Grill vorheizen und die Paprikaschoten 10 Min. grillen, bis ihre Haut blasig ist. Herausnehmen und in einen Gefrierbeutel geben. 10 Min. ruhen lassen, dann die Haut abziehen und wegwerfen.

Die Paprikaschoten mit 3 EL Öl in die Küchenmaschine geben und pürieren. Salzen und pfeffern und beiseite stellen.

Den Fenchel in dünne Streifen schneiden. Das restliche Öl in einer Pfanne erhitzen. Fenchel und Knoblauch 5–8 Min. sanft dünsten, bis der Fenchel weich ist, dabei ab und zu rühren. Die Paprikasauce zufügen und behutsam erhitzen.

In der Zwischenzeit die Fettuccine in reichlich kochendem Salzwasser in 1–2 Min. »al dente« garen. Abtropfen lassen und wieder in den Topf geben. Die Sauce unterheben. Sofort mit Basilikumstengeln und Fenchelgrün garniert servieren. Den geriebenen Käse getrennt reichen.

Spaghetti mit Garnelen und Spargel

Tagliatelle mit Gemüse in Tomatensauce

Tagliatelle mit Gemüse in Tomatensauce

Rund um das Mittelmeer wächst eine Fülle von Gemüsesorten. Man kann sie beliebig kombinieren, sollte aber Farben und Aromen wählen, die miteinander harmonieren.

Sauce

- 1 rote Paprikaschote, entkernt
- 1 gelbe Paprikaschote, entkernt
- 25 g Butter
- 1 große Zwiebel, abgezogen und in dünne Spalten geschnitten
- 2–3 Knoblauchzehen, abgezogen und zerdrückt
- 200 g Zucchini, gewürfelt
- 8 EL trockener Weißwein
- 500 g Eiertomaten, abgezogen, entkernt und gehackt
- 2 EL Tomatenmark
- 2 EL frisches Basilikum, gehackt
- Salz und frisch gemahlener schwarzer Pfeffer

Zum Servieren

- 450 g frische Tagliatelle
- frisch geriebener Parmesan

Den Grill auf hoher Stufe vorheizen und die Paprika 10 Min. grillen. Herausnehmen und in einen Folienbeutel geben. 10 Min. ruhen lassen, die Haut abziehen und in Streifen schneiden.

Die Butter in einem großen Topf zerlassen. Zwiebel und Knoblauch darin 5 Min. dünsten. Die Zucchini zufügen und 2 Min. garen. Wein, gehackte Tomaten und Tomatenmark unterrühren. Die Mischung zum Kochen bringen, dann die Hitze reduzieren und den Topfinhalt 5–8 Min. garen. Paprikastreifen, Basilikum, Salz und Pfeffer untermischen. Die Sauce leicht köcheln lassen, während die Nudeln gegart werden.

Die Tagliatelle »al dente« garen. Abtropfen lassen und unter die Sauce heben. Den geriebenen Käse getrennt reichen.

NÄHRWERTANGABEN

Für 4 Personen
Portionsgröße 430 g
500 kcal/2107 kJ

Protein insgesamt	18,5 g
Kohlenhydrate insgesamt	70,6 g
Zucker	12,1 g
Fett insgesamt	16,1 g
Ges. Fettsäuren	6,4 g
Mehrfach unges. Fettsäuren	1,7 g
Einfach unges. Fettsäuren	6,1 g
Ballaststoffe	5,4 g
Natrium	437 mg
Cholesterin	198 mg

Tagliatelle mit Prosciutto und Tomaten

Prosciutto ist ein luftgetrockneter, gesalzener Schinken mit einzigartigem Aroma. Ersatzweise kann man mageren Räucherspeck verwenden.

Sauce

- 50 g Butter
- 100 g Prosciutto, in Streifen geschnitten
- 4 reife Eiertomaten (falls gewünscht abgezogen), entkernt und gehackt
- 100 g Zuckerschoten, geputzt und halbiert
- 200 ml Doppelrahm oder Crème double
- 50 g Parmesan, frisch gerieben
- Salz und frisch gemahlener schwarzer Pfeffer

Zum Servieren

- 450 g frische Tagliatelle

Die Butter in einem großen Topf zerlassen und den Prosciutto 5 Min. unter gelegentlichem Rühren braten. Die Tomaten mit den Zuckerschoten zufügen und 2 Min. garen.

Den Rahm zugeben und alles noch einmal 3 Min. unter Rühren garen. Dann die Hälfte des Käses sowie Salz und Pfeffer nach Geschmack untermischen. Den Topf zudecken, von der Kochstelle nehmen und warm halten.

In der Zwischenzeit die Nudeln in reichlich kochendem Salzwasser in 1–2 Min. »al dente« garen. Abtropfen lassen und wieder in den Topf geben, dann die Sauce unterheben. Mit dem restlichen Käse bestreut servieren.

NÄHRWERTANGABEN

Für 4 Personen
Portionsgröße 335 g
778 kcal/3250 kJ

Protein insgesamt	25,1 g
Kohlenhydrate insgesamt	63,3 g
Zucker	6 g
Fett insgesamt	49,2 g
Ges. Fettsäuren	27 g
Mehrfach unges. Fettsäuren	2,8 g
Einfach unges. Fettsäuren	15,8 g
Ballaststoffe	3,8 g
Natrium	987 mg
Cholesterin	289 mg

Capelli d'angelo mit Thunfisch und Oliven

Capelli d'angelo mit Thunfisch und Oliven

Schwarze Oliven werden oft in Kombination mit Kapern verwendet. In Salz eingelegte Kapern haben ein weit besseres Aroma als die in Essig oder Lake konservierten. Vor Verwendung müssen sie jedoch mindestens 30 Min. gewässert werden.

Sauce
- 4 EL Olivenöl
- 2 Stangen Porree, geputzt und in dünne Scheiben geschnitten
- 1–2 geräucherte Knoblauchzehen, abgezogen und feingehackt
- 1–2 EL Tomatenmark
- 1 Dose geschälte Tomaten (400 g)
- 2 Dosen Thunfisch (je 185 g), abgetropft
- 50 g schwarze Oliven, halbiert und entsteint
- 2 EL Kapern
- Salz und frisch gemahlener schwarzer Pfeffer

Zum Servieren
- 450 g frische Capelli d'angelo
- frisches Basilikum

Das Öl in einem Topf erhitzen. Porree und Knoblauch darin 5 Min. dünsten, bis sie weich, aber nicht gebräunt sind. Tomatenmark mit 150 ml Wasser verrühren und mit den geschälten Tomaten zugeben. Zum Kochen bringen und die Sauce mit aufgelegtem Deckel etwa 10 Min. köcheln lassen, bis sie dick geworden ist. Thunfisch, Oliven, Kapern sowie Salz und Pfeffer nach Geschmack zufügen und 5 Min. behutsam erhitzen.

In der Zwischenzeit die Nudeln in reichlich kochendem Salzwasser in 1–2 Min. »al dente« garen. Gut abtropfen lassen, wieder in den Topf geben und die Sauce unterheben. Mit Basilikum garnieren und sofort servieren.

NÄHRWERTANGABEN

Für 4 Personen
Portionsgröße 395 g
589 kcal/2480 kJ

Protein insgesamt	38,5 g
Kohlenhydrate insgesamt	63,7 g
Zucker	5,9 g
Fett insgesamt	22 g
Ges. Fettsäuren	3,9 g
Mehrfach unges. Fettsäuren	2,6 g
Einfach unges. Fettsäuren	13,2 g
Ballaststoffe	4,5 g
Natrium	922 mg
Cholesterin	229 mg

Fettuccine mit Fleischsauce

Es gibt viele köstliche Variationen der klassischen Bologneser Sauce. Die Pancetta verleiht diesem Rezept das besondere Aroma.

Sauce
- 4 EL Olivenöl
- 1 Zwiebel, abgezogen und feingehackt
- 1 Stange Staudensellerie, geputzt und feingehackt
- 1 Möhre, abgezogen und feingewürfelt
- 50 g hauchdünne Pancetta, in Stückchen geschnitten
- 300 g mageres Rinderhackfleisch
- 150 ml Rotwein
- 150 ml Rinderbrühe
- Salz und frisch gemahlener schwarzer Pfeffer
- 1 EL frischer Majoran, gehackt

Zum Servieren
- 450 g frische Fettuccine
- frisch geriebener Pecorino Romano

Das Öl in einem Topf erhitzen. Zwiebel, Staudensellerie, Möhre und Pancetta darin 5–8 Min. dünsten, bis sie weich, aber noch nicht gebräunt sind. Das Hackfleisch 5 Min. bräunen, dabei häufig rühren und Klümpchen zerteilen.

Wein, Brühe, Salz und Pfeffer sowie Majoran zufügen. Alles zum Kochen bringen, dann die Hitze reduzieren und die Sauce 12–15 Min. unter gelegentlichem Rühren köcheln lassen, bis sie dick geworden ist.

In der Zwischenzeit die Fettuccine »al dente« garen. Abtropfen lassen und wieder in den Topf geben. Die Sauce unterheben und sofort servieren. Den geriebenen Käse getrennt reichen.

NÄHRWERTANGABEN

Für 4 Personen
Portionsgröße 325 g
660 kcal/2769 kJ

Protein insgesamt	34,5 g
Kohlenhydrate insgesamt	62,4 g
Zucker	4,5 g
Fett insgesamt	29,8 g
Ges. Fettsäuren	8 g
Mehrfach unges. Fettsäuren	2,7 g
Einfach unges. Fettsäuren	16,3 g
Ballaststoffe	3,4 g
Natrium	889 mg
Cholesterin	228 mg

Capelli d'angelo mit Jakobsmuscheln

Da Capelli d'angelo und Jakobsmuscheln eine kurze Garzeit haben, ist dieses Gericht schon nach etwa 5 Min. fertig.

NÄHRWERTANGABEN

Für 4 Personen
Portionsgröße 310 g
764 kcal/3197 kJ

Protein insgesamt	32,3 g
Kohlenhydrate insgesamt	64 g
Zucker	4 g
Fett insgesamt	44,1 g
Ges. Fettsäuren	24 g
Mehrfach unges. Fettsäuren	2,6 g
Einfach unges. Fettsäuren	13,9 g
Ballaststoffe	3 g
Natrium	512 mg
Cholesterin	307 mg

Sauce
- 50 g Butter
- 12 große Jakobsmuscheln, gesäubert und halbiert, orangeroter Rogen falls gewünscht entfernt
- 8 Frühlingszwiebeln, geputzt
- 100 g Zuckerschoten, geputzt und halbiert
- Salz und eine Prise Cayennepfeffer
- 200 ml Doppelrahm oder Crème double

Zum Servieren
- 450 g frische Capelli d'angelo
- Paprika

Die Butter in einer Pfanne zerlassen und die Muscheln unter häufigem Rühren 3 Min. garen. Die Frühlingszwiebeln schräg in Scheiben schneiden, zufügen und 1 Min. garen. Dann die Zuckerschoten zugeben und ebenfalls 1 Min. garen. Nach Geschmack salzen und pfeffern.

Die Sahne zugeben und die Sauce leicht köcheln lassen, während die Nudeln garen.

Die Nudeln »al dente« garen. Abtropfen lassen und wieder in den Topf geben. Die Sauce unterheben. Etwas Paprika darüberstreuen und sofort servieren.

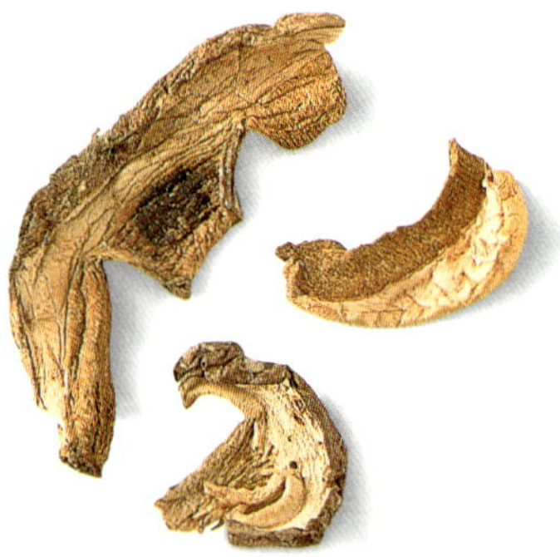

Capelli d'angelo mit Pilzen und Trüffeln

Die besten Trüffeln sind weiß und stammen aus der Gegend von Alba im Piemont. Sie haben von Oktober bis Januar Saison. Schwarze Trüffeln wachsen in Umbrien und im französischen Perigord. Sie werden hauptsächlich zum Kochen verwendet, da ihr Aroma nicht ganz so intensiv wie das der weißen Trüffeln ist. Falls weiße Trüffeln nicht erhältlich sind, verwendet man schwarze Trüffeln und 1 TL Trüffelöl.

NÄHRWERTANGABEN

Für 4 Personen
Portionsgröße 290 g
603 kcal/2522 kJ

Protein insgesamt	16,6 g
Kohlenhydrate insgesamt	61,8 g
Zucker	3,7 g
Fett insgesamt	34,1 g
Ges. Fettsäuren	17,8 g
Mehrfach unges. Fettsäuren	2,4 g
Einfach unges. Fettsäuren	11 g
Ballaststoffe	4,2 g
Natrium	409 mg
Cholesterin	246 mg

Sauce
- 25 g getrocknete Steinpilze
- 50 g Butter
- 2–3 geräucherte Knoblauchzehen, abgezogen und gehackt
- 1 Zwiebel, abgezogen und gehackt
- 350 g gemischte Pilze wie Champignons und Austernpilze
- 4 EL Doppelrahm oder Crème double
- Salz und frisch gemahlener schwarzer Pfeffer
- 1 EL frische glattblättrige Petersilie, gehackt

Zum Servieren
- 450 g frische Capelli d'angelo
- 25 g weiße Trüffeln, gehobelt

Die Steinpilze 30 Min. in warmem Wasser einweichen. Abtropfen lassen und beiseite stellen. Die Butter in einem Topf erhitzen. Knoblauch und Zwiebel darin dünsten, bis sie weich sind.

Die Pilze putzen und grob hacken, dann mit den Steinpilzen in den Topf geben und 5–8 Min. dünsten, bis sie weich sind. Rahm, Salz und Pfeffer nach Geschmack sowie Petersilie unterrühren.

Die Zutaten 1 Min. erhitzen, dann den Deckel auflegen und den Topf von der Kochstelle nehmen.

In der Zwischenzeit die Nudeln in reichlich kochendem Salzwasser 1 Min. garen. Gut abtropfen lassen und wieder in den Topf geben. Die Sauce unterheben, mit den gehobelten Trüffeln bestreuen und servieren.

Capelli d'angelo mit Jakobsmuscheln

Spaghettini mit Porree und Zwiebeln

Spaghettini mit Porree und Zwiebeln

Das Aroma roter Zwiebeln ist viel milder als das normaler Küchenzwiebeln. Zudem ergänzen sie farblich den grünen Porree.

Sauce
- 1 große rote Zwiebel, in Spalten geschnitten
- 4 EL Olivenöl
- 2–3 Stangen junger Porree, geputzt
- 4 Schalotten, abgezogen
- 2 Dosen geschälte Tomaten (jeweils 400 g)
- Salz und frisch gemahlener schwarzer Pfeffer
- 2 EL frische glattblättrige Petersilie, gehackt

Zum Servieren
- 450 g frische Spaghettini
- 4–6 EL frisch geriebener Parmesan

Die Zwiebel im heißen Öl behutsam 5 Min. dünsten. Porree und Schalotten, beide in Ringe geschnitten, zufügen und 3 Min. garen. Geschälte Tomaten, Salz und Pfeffer zugeben und die Sauce 5–8 Min. leicht köcheln lassen, bis sie etwa auf die Hälfte eingekocht ist.

In der Zwischenzeit die Spaghettini in reichlich kochendem Salzwasser in 1–2 Min. »al dente« garen. Gut abtropfen lassen und wieder in den Topf geben. Die Sauce mit der gehackten Petersilie unterheben und sofort servieren. Den Käse getrennt reichen.

NÄHRWERTANGABEN

Für 4 Personen
Portionsgröße 440 g
543 kcal/2285 kJ

Protein insgesamt	19,6 g
Kohlenhydrate insgesamt	69,2 g
Zucker	10,3 g
Fett insgesamt	23,1 g
Ges. Fettsäuren	5,3 g
Mehrfach unges. Fettsäuren	2,4 g
Einfach unges. Fettsäuren	13,2 g
Ballaststoffe	5,5 g
Natrium	439 mg
Cholesterin	187 mg

Fettuccine mit Hähnchenleber und Pfifferlingen

In Italien ist Hähnchenleber eine beliebte Zutat für Saucen. In diesem Rezept wurde sie mit Waldpilzen zu einem besonders feinen Gericht kombiniert.

Sauce
- 25 g getrocknete Steinpilze
- 2–3 Stangen Porree, geputzt
- 4 EL Olivenöl
- 200 g Pfifferlinge
- 250 g Hähnchenleber
- 3 EL trockener Sherry
- 1 EL Tomatenmark
- 5 EL Hühnerbrühe
- Salz und frisch gemahlener schwarzer Pfeffer

Zum Servieren
- 450 g frische Fettuccine
- frisch geriebener Pecorino Romano

Die Steinpilze 30 Min. in warmem Wasser einweichen, dann abtropfen lassen. Pilze und Weichwasser beiseite stellen.

Den Porree in Ringe schneiden. Das Öl in einer Pfanne erhitzen und den Porree 2 Min. dünsten. Steinpilze und Pfifferlinge zufügen und 3 Min. garen. Abtropfen lassen und beiseite stellen.

Die Hähnchenleber säubern und in dünne Streifen schneiden. In die Pfanne geben und unter Rühren rasch anbraten. Die Pilze wieder in die Pfanne geben und Weichwasser sowie Sherry zufügen. Das Tomatenmark mit der Brühe sowie Salz und Pfeffer nach Geschmack vermischen und in die Pfanne rühren. Zum Kochen bringen und 5 Min. köcheln lassen, bis die Mischung Saucenkonsistenz hat.

In der Zwischenzeit die Nudeln in reichlich kochendem Salzwasser in 1–2 Min. »al dente« garen. Abtropfen lassen und wieder in den Topf geben. Die Sauce unterheben und mit dem frisch geriebenen Käse servieren.

NÄHRWERTANGABEN

Für 4 Personen
Portionsgröße 310 g
542 kcal/2277 kJ

Protein insgesamt	26,1 g
Kohlenhydrate insgesamt	61,1 g
Zucker	3,4 g
Fett insgesamt	22 g
Ges. Fettsäuren	4 g
Mehrfach unges. Fettsäuren	2,8 g
Einfach unges. Fettsäuren	12,6 g
Ballaststoffe	4,4 g
Natrium	642 mg
Cholesterin	392 mg

Tagliatelle mit Fleischbällchen

Diese kleinen Fleischbällchen eignen sich ideal für jeden Typ Bandnudeln. Sie passen auch gut zu Farfalle und Fusilli.

NÄHRWERTANGABEN

Für 4 Personen
Portionsgröße 340 g
567 kcal/2383 kJJ

Protein insgesamt	29,7 g
Kohlenhydrate insgesamt	65,3 g
Zucker	4,4 g
Fett insgesamt	20,1 g
Ges. Fettsäuren	3,8 g
Mehrfach unges. Fettsäuren	2,2 g
Einfach unges. Fettsäuren	7,8 g
Ballaststoffe	3,2 g
Natrium	404 mg
Cholesterin	243 mg

Sauce

- 1 kleine Zwiebel, abgezogen und feingehackt
- 1–2 Knoblauchzehen, abgezogen und zerdrückt
- 250 g mageres Lammfleisch, gehackt
- Salz und frisch gemahlener schwarzer Pfeffer
- 1 EL abgeriebene Zitronenschale
- 25 g frische Weißbrotkrumen
- 1 EL frischer Majoran, gehackt
- 1 EL Pinienkerne, geröstet und gehackt
- 1 mittelgroßes Ei, verquirlt
- 1–2 EL Olivenöl
- 300 g passierte Tomaten
- 150 ml Rotwein
- einige Stengel Majoran

Zum Servieren

- 450 g frische Tagliatelle
- Majoranstengel
- frisch geriebener Parmesan

Zwiebel, Knoblauch, Hackfleisch, Salz, Pfeffer, abgeriebene Zitronenschale, Brotkrumen, gehackten Majoran und Pinienkerne in einer Schüssel gut vermischen und mit dem Ei binden. Die Hände anfeuchten und aus der Mischung kleine Bällchen etwa von der Größe einer Kirsche formen.

Das Olivenöl in einer Pfanne erhitzen und die Fleischbällchen rundum bräunen. Aus der Pfanne nehmen und die Pfanne auswischen. Passierte Tomaten, Rotwein und Majoranstengel in die Pfanne geben und zum Kochen bringen. 5 Min. kochen lassen, dann die Hitze reduzieren und die Fleischbällchen zufügen. Zugedeckt 5–8 Min. leicht köcheln lassen, bis die Fleischbällchen gar sind.

In der Zwischenzeit die Tagliatelle »al dente« garen. Abtropfen lassen und auf eine vorgewärmte Servierplatte heben. Die Majoranstengel aus der Sauce nehmen und die Sauce mit den Fleischbällchen auf die Nudeln schöpfen. Mit einem Stengel Majoran garnieren und mit dem Käse servieren.

Tagliatelle mit Fleischbällchen

Tagliatelle mit Fisch

Tagliatelle mit Fisch

Welche Fischsorten Sie für dieses Gericht wählen, liegt ganz bei Ihnen. Achten Sie aber bei der Zusammenstellung darauf, daß sie sich in Geschmack und Konsistenz ergänzen. Falls Sie keine Safranfäden bekommen, können Sie ersatzweise eine Prise Kurkuma verwenden, die dem Gericht allerdings nicht den gleichen Geschmack verleiht.

Sauce

- 350 g diverse frische Fischfilets etwa von Lachs, Forelle, Kabeljau oder Schellfisch, ohne Haut
- 20 g Butter
- 250 g Porree, in dünne Ringe geschnitten
- 100 g Champignons, geputzt und in Scheiben geschnitten
- einige Safranfäden
- 5 EL trockener Weißwein
- 4 EL Doppelrahm oder Crème double

Zum Servieren

- 450 g frische Tagliatelle
- einige Stengel glattblättrige Petersilie

Den Fisch in kleine Würfel schneiden und noch vorhandene kleine Gräten entfernen. Die Butter in einer großen Pfanne erhitzen. Porree und Pilze darin 3 Min. dünsten. Den Fisch zufügen und ebenfalls 3 Min. braten, bis sich die Poren geschlossen haben. Den Safran hineinstreuen und alles noch einmal 1 Min. garen. Dann den Wein zufügen, den Pfanneninhalt zum Kochen bringen und zugedeckt 3–4 Min. köcheln lassen, bis der Fisch gar ist.

In der Zwischenzeit die Tagliatelle in reichlich kochendem Salzwasser in 3–4 Min. »al dente« garen. Abtropfen lassen und wieder in den Topf geben. Sauce und Rahm unterheben. Mit etwas Petersilie garnieren und sofort servieren.

NÄHRWERTANGABEN

Für 4 Personen
Portionsgröße 345 g
644 kcal/2701 kJ

Protein insgesamt	32,1 g
Kohlenhydrate insgesamt	60,9 g
Zucker	3,3 g
Fett insgesamt	30,8 g
Ges. Fettsäuren	13,8 g
Mehrfach unges. Fettsäuren	3,2 g
Einfach unges. Fettsäuren	10,9 g
Ballaststoffe	3,8 g
Natrium	421 mg
Cholesterin	263 mg

Trenette mit Rauke und Radicchio

Rauke und Radicchio wurden bei uns erst in den letzten Jahren populär. In der italienischen Küche jedoch sind sie schon immer eine wichtige Zutat gewesen.

Sauce

- 4 EL Olivenöl
- 4 Schalotten, in Scheiben geschnitten
- 100 g Prosciutto, in dünne Streifen geschnitten
- 1 Dose Artischockenherzen (400 g), abgetropft und geviertelt
- 3 EL Gemüsebrühe
- 1 kleiner Kopf Radicchio, in Streifen geschnitten
- Salz und frisch gemahlener schwarzer Pfeffer
- 1 EL Balsamessig
- 100 g Rauke

Zum Servieren

- 450 g frische Trenette

Das Öl in einer Pfanne erhitzen. Schalotten und Prosciutto darin 5 Min. dünsten, bis sie weich sind. Die Artischockenherzen zufügen, dann die Brühe hineinrühren, zum Kochen bringen und 2 Min. köcheln lassen, bis die Flüssigkeit etwas eingekocht ist.

Den Radicchio zugeben und 3 Min. köcheln lassen, bis er weich ist. Nach Geschmack salzen und pfeffern. Den Deckel auflegen und den Topf von der Kochstelle nehmen.

In der Zwischenzeit die Nudeln in reichlich kochendem Salzwasser in 1–2 Minuten »al dente« garen. Abtropfen lassen und wieder in den Topf geben. Radicchiomischung mit Balsamessig und Rauke unterheben, dann sofort servieren.

NÄHRWERTANGABEN

Für 4 Personen
Portionsgröße 360 g
522 kcal/2197 kJ

Protein insgesamt	21,8 g
Kohlenhydrate insgesamt	64,1 g
Zucker	4,9 g
Fett insgesamt	22,5 g
Ges. Fettsäuren	4,3 g
Mehrfach unges. Fettsäuren	2,7 g
Einfach unges. Fettsäuren	13,1 g
Ballaststoffe	3,3 g
Natrium	1042 mg
Cholesterin	183 mg

SECHSTES KAPITEL

GEFÜLLTE PASTA

In diesem Kapitel werden klassische Pasta-Gerichte wie Cannelloni, Lasagne und Ravioli vorgestellt, die mit Fisch, Fleisch oder Gemüse gefüllt werden können. Stets werden sie mit einer Sauce serviert, die die Nudeln ergänzen soll, ohne ihren Geschmack zu überlagern.

Vollkorn-Lasagne mit Mittelmeergemüse

Eine breitgefächerte Auswahl an sonnengereiftem Gemüse, köstlichen Nudeln, herrlichem Brot und ebenso hochwertigen wie schmackhaften Ölen macht die Mittelmeerküche zu einem Fest der Sinne. Dieses Rezept bietet Ihnen die Möglichkeit, eine vegetarische Variante der klassischen Lasagne zuzubereiten.

- 3 EL Olivenöl
- 1 Zwiebel, abgezogen und gehackt
- 3 Knoblauchzehen, abgezogen und zerdrückt
- 6 sonnengetrocknete Tomaten, gehackt
- 250 g Auberginen, gehackt
- 1 gelbe Paprikaschote, entkernt und gehackt
- 1 rote Paprikaschote, entkernt und gehackt
- 250 g Zucchini, gehackt
- 500 g passierte Tomaten
- 150 ml Rotwein
- Salz und frisch gemahlener schwarzer Pfeffer
- 1 EL frischer Oregano, gehackt
- 6–8 frische Vollkorn-Lasagneplatten
- 4 feste Tomaten, in Scheiben geschnitten
- 50 g Mozzarella, gerieben
- zusätzlicher gehackter frischer Oregano

Den Backofen 10 Min. vor Garen der Lasagne auf 190 °C vorheizen. Das Öl in einer Pfanne erhitzen. Zwiebel, Knoblauch und sonnengetrocknete Tomaten 5 Min. dünsten. Aubergine, Paprika und Zucchini zufügen und weitere 3 Min. garen.

Passierte Tomaten, Wein, Salz und Pfeffer sowie Oregano unterrühren und zum Kochen bringen. Die Hitze reduzieren und das Gemüse 15 Min. köcheln lassen, bis es beinahe gar ist.

In einem großen Topf Wasser zum Kochen bringen und 1 EL Salz zufügen. Nacheinander vier Lasagneplatten hineingeben und 2–3 Min. garen, dabei darauf achten, daß sie nicht zusammenkleben. Abtropfen lassen, auf ein sauberes Geschirrhandtuch legen und trockentupfen. Mit den restlichen Platten genauso verfahren.

Auf dem Boden einer ofenfesten Form eine Schicht Gemüse verteilen und die Hälfte der Lasagneplatten darauflegen. Mit der restlichen Sauce und verbliebenen Lasagneplatten bedecken. Die Tomatenscheiben darauflegen und den Käse darüberstreuen. Die Form 25 Min. in den Backofen schieben, bis der Käse goldbraun ist. Mit dem gehackten Oregano bestreut servieren.

NÄHRWERTANGABEN

Für 4 Personen
Portionsgröße 580 g
609 kcal/2571 kJ

Protein insgesamt	19,9 g
Kohlenhydrate insgesamt	90,1 g
Zucker	17 g
Fett insgesamt	18,6 g
Ges. Fettsäuren	3,7 g
Mehrfach unges. Fettsäuren	3,7 g
Einfach unges. Fettsäuren	8,2 g
Ballaststoffe	8 g
Natrium	336 mg
Cholesterin	8 mg

FISCH-LASAGNE

Unter Lasagne stellt man sich gewöhnlich mit Hackfleischsauce geschichtete Nudeln vor. Diese Version ist eine köstliche Alternative. Der Fisch kann nach Angebot und persönlichen Vorlieben ausgewählt werden.

NÄHRWERTANGABEN

Für 4 Personen
Portionsgröße 560 g
695 kcal/2935 kJ

Protein insgesamt	51,3 g
Kohlenhydrate insgesamt	87,2 g
Zucker	14,6 g
Fett insgesamt	18,1 g
Ges. Fettsäuren	9,9 g
Mehrfach unges. Fettsäuren	1,2 g
Einfach unges. Fettsäuren	4,1 g
Ballaststoffe	5,1 g
Natrium	969 mg
Cholesterin	176 mg

- 250 g weißfleischiges Fischfilet wie Kabeljau
- 250 g geräuchertes Schellfischfilet oder ähnlicher Räucherfisch
- 600 ml fettarme Milch
- 2–3 Lorbeerblätter
- 1 kleine Zwiebel, in Ringe geschnitten
- einige Stengel Petersilie
- 50 g Butter oder Margarine
- 50 g Mehl
- 1 TL körniger Senf
- 25 g geriebener Hartkäse wie reifer Cheddar oder Greyerzer
- Salz und frisch gemahlener schwarzer Pfeffer
- 200 g geschälte Garnelen, Tiefkühlware aufgetaut
- 100 g winzige Brokkoliröschen, blanchiert
- 9–12 frische Lasagneplatten
- 4 feste Tomaten, in Scheiben geschnitten
- 25 g frisch geriebener Parmesan

Den Backofen 10 Min. vor Garen der Lasagne auf 190 °C vorheizen. Nötigenfalls den Fisch enthäuten und Gräten entfernen. Den Fisch mit 300 ml Milch, Lorbeerblättern, Zwiebelringen und Petersilie in eine Pfanne geben. Behutsam erhitzen, bis die Zutaten kochen. 8 Min. köcheln lassen, bis der Fisch gerade gar ist. Abtropfen lassen, die Milch aufbewahren. Den Fisch zerblättern und beiseite stellen.

Für die weiße Sauce Butter oder Margarine in einem kleinen Topf zerlassen und das Mehl hineinrühren. 2 Min. weiterrühren, dann von der Kochstelle nehmen und nach und nach die gesamte Milch unterrühren. Wieder auf die Kochstelle setzen und rühren, bis die Sauce andickt. Vom Herd nehmen und Senf, geriebenen Käse sowie Salz und Pfeffer untermischen. So lange rühren, bis sich der Käse aufgelöst hat.

Wasser aus den Garnelen drücken und diese mit dem blanchierten Brokkoli zum Fisch geben.

In einem großen Topf Wasser zum Kochen bringen und 1 EL Salz zufügen, dann nacheinander 4 Lasagneplatten hineingleiten lassen. 2–3 Min. garen, dabei darauf achten, daß sie nicht zusammenkleben. Abtropfen lassen, auf ein sauberes Geschirrhandtuch legen und trockentupfen. Mit den restlichen Lasagneplatten genauso verfahren.

Etwa ein Viertel der vorbereiteten Sauce auf den Boden einer ofenfesten Form schöpfen und 3–4 Lasagneplatten darauflegen. Mit der Hälfte der Fisch-Brokkoli-Mischung bedecken und wieder ein Viertel der Sauce verteilen.

Den Vorgang wiederholen und mit einer Lage Lasagneplatten abschließen. Die in Scheiben geschnittenen Tomaten darauflegen. Die restliche Sauce darüberschöpfen und mit dem geriebenen Parmesan bestreuen. Die Lasagne 25 Min. im Ofen backen, bis sie goldbraun ist und Blasen wirft.

Fisch-Lasagne

Ravioli mit Schinken, Tomate und Mozzarella

Die Möglichkeiten für Ravioli-Füllungen sind endlos. Statt die traditionelle Fleischfüllung zu verwenden, sollten Sie mit Ihren Lieblingszutaten experimentieren.

NÄHRWERTANGABEN

Für 4 Personen
Portionsgröße 290 g
683 kcal/2864 kJ

Protein insgesamt	34,7 g
Kohlenhydrate insgesamt	60,3 g
Zucker	3 g
Fett insgesamt	35,6 g
Ges. Fettsäuren	18,6 g
Mehrfach unges. Fettsäuren	2,3 g
Einfach unges. Fettsäuren	11,8 g
Ballaststoffe	2,8 g
Natrium	1216 mg
Cholesterin	261 mg

- 100 g Ricotta
- 250 g Mozzarella, in dünne Scheiben geschnitten
- 100 g hauchdünner geräucherter Schinken, in schmale Streifen geschnitten
- 2 feste Tomaten, abgezogen, entkernt und gehackt
- Salz und frisch gemahlener schwarzer Pfeffer
- 1 EL körniger Senf
- Pasta-Teig (Grundrezept, siehe Seite 20)
- 50 g Butter
- 1 EL frischer Salbei, gehackt

Beide Käsesorten, Schinken, Tomaten, Salz und Pfeffer nach Geschmack sowie 1 TL Senf in einer Rührschüssel sorgfältig vermischen und beiseite stellen.

Den Pasta-Teig ausrollen und, wie auf Seite 24 beschrieben, Ravioli herstellen, bis Füllung und Teig verbraucht sind. 1 Std. trocknen lassen, bevor die Quadrate getrennt werden.

Die Ravioli in reichlich kochendem Salzwasser in 4–5 Min. »al dente« garen. Abtropfen lassen und wieder in den Topf geben. Den restlichen Senf, Butter und Salbei unterheben, bis die Butter zerlassen ist und die Ravioli dünn überzogen sind. Sofort servieren.

Cannelloni mit Spinat, Pilzen und Ricotta

Ricotta und Spinat passen sehr gut zusammen. Diese Füllung eignet sich auch für Ravioli oder Lasagne.

NÄHRWERTANGABEN

Für 4 Personen
Portionsgröße 455 g
800 kcal/3380 kJ

Protein insgesamt	31,2 g
Kohlenhydrate insgesamt	130 g
Zucker	12,3 g
Fett insgesamt	21,3 g
Ges. Fettsäuren	7 g
Mehrfach unges. Fettsäuren	1,4 g
Einfach unges. Fettsäuren	8,4 g
Ballaststoffe	7,7 g
Natrium	468 mg
Cholesterin	36 mg

- 1 EL Olivenöl
- 1 kleine Zwiebel, abgezogen und feingehackt
- 100 g Champignons, feingehackt
- 250 g Ricotta
- 250 g Tiefkühl-Spinat, aufgetaut
- Salz und frisch gemahlener schwarzer Pfeffer
- ½–1 TL frisch geriebene Muskatnuß
- 12–14 frische Lasagneplatten
- Schnelle Tomatensauce (siehe Seite 36)
- 50 g Mozzarella, gerieben

Den Backofen 10 Min. vor Garen der Cannelloni auf 190 °C vorheizen. Das Öl in einer kleinen Pfanne erhitzen. Zwiebel und Pilze 5 Min. braten, dann abtropfen lassen und beiseite stellen.

Den Ricotta schlagen, bis er cremig ist, und die Pilzmischung unterrühren. Den Spinat gut ausdrücken und zusammen mit Salz und Pfeffer sowie Muskatnuß unter den Käse ziehen.

In einem großen Topf Wasser zum Kochen bringen, 1 EL Salz zufügen und nacheinander vier Lasagneplatten hineingleiten lassen. 1–2 Min. garen, dabei darauf achten, daß sie nicht zusammenkleben. Abtropfen lassen, auf ein sauberes Geschirrhandtuch legen und trockentupfen. Mit den restlichen Lasagneplatten genauso verfahren.

Auf jede Platte etwa 2 EL Füllung setzen. Die Ränder befeuchten und die Platten um die Füllung aufrollen.

Die gefüllten Nudeln mit der Nahtstelle nach unten in eine ofenfeste Form legen, mit der Tomatensauce übergießen und mit dem Käse bestreuen. Die Cannelloni 25 Min. im Ofen backen, bis der Käse goldbraun ist und Blasen wirft.

Gemüse-Lasagne

Lasagne kann mit den verschiedensten Zutaten gefüllt werden. Anstelle von Hackfleisch kann auch eine fleischlose Füllung gewählt werden, deren unterschiedliche Gemüsesorten diesem Gericht sein Aroma verleihen.

- 50 g Butter oder Margarine
- 50 g Mehl
- 500 ml Milch
- Salz und frisch gemahlener schwarzer Pfeffer
- 200 g Möhren, geschält, längs halbiert und in Halbmonde geschnitten
- 100 g dicke Bohnen, enthülst
- 100 g grüne Bohnen, geputzt und in 5 cm lange Stücke geschnitten
- 100 g kleine Blumenkohlröschen
- 1 Dose Kidneybohnen (400 g), abgespült und abgetropft
- 200 g Tiefkühl-Spinat, aufgetaut und gehackt
- 50 g Cheddar, gerieben
- 1 TL körniger Senf
- 6–8 frische Lasagneplatten
- 4 feste Tomaten, in Scheiben geschnitten
- 3 Eier
- 150 g stichfester Joghurt

Den Backofen 10 Min. vor Garen der Lasagne auf 190 °C vorheizen. Das Fett in einem kleinen Topf zerlassen und das Mehl hineinrühren. 2 Min. bei schwacher Hitze garen, dann von der Kochstelle nehmen und nach und nach die Milch unterrühren. Wieder auf die Kochstelle setzen und rühren, bis die Sauce glatt und dick ist. Mit Salz und Pfeffer abschmecken und vom Herd nehmen. Mit befeuchtetem Butterbrotpapier abdecken.

Die Möhren in leicht gesalzenem kochendem Wasser etwa 5 Min. garen, bis sie gerade weich sind. Abtropfen lassen und beiseite stellen. Dicke Bohnen, grüne Bohnen und Blumenkohl 3 Min. blanchieren. Abtropfen lassen und in kaltem Wasser abschrecken. Mit Möhren und Kidneybohnen mischen.

Den Spinat ausdrücken und mit Käse, Salz, Pfeffer und Senf unter die weiße Sauce rühren. Bei schwacher Hitze rühren, bis die Sauce glatt ist.

4 Lasagneplatten in kochendem Salzwasser in 2–3 Min. garen, dabei darauf achten, daß sie nicht zusammenkleben. Abtropfen lassen, auf ein sauberes Geschirrhandtuch legen und trockentupfen. Mit den restlichen Platten genauso verfahren.

Die Hälfte von Sauce und Gemüse auf dem Boden einer ofenfesten Form verteilen und mit 3–4 Lasagneplatten bedecken. Das Ganze noch einmal wiederholen. Tomatenscheiben darauflegen. Eier und Joghurt verquirlen und über die Tomaten gießen.

Die Lasagne 25–30 Min. im Ofen goldbraun backen. Dann servieren.

NÄHRWERTANGABEN

Für 4 Personen
Portionsgröße 690 g
799 kcal/3367 kJ

Protein insgesamt	39,1 g
Kohlenhydrate insgesamt	114,1 g
Zucker	24 g
Fett insgesamt	24 g
Ges. Fettsäuren	11,6 g
Mehrfach unges. Fettsäuren	2,3 g
Einfach unges. Fettsäuren	6,4 g
Ballaststoffe	15,5 g
Natrium	987 mg
Cholesterin	224 mg

Tortelloni mit Parmaschinken

Tortelloni mit Parmaschinken

Für die Herstellung von Tortelloni ist etwas Zeit und Erfahrung notwendig, aber die Mühe lohnt sich, denn sie schmecken viel besser als gekaufte Tortelloni. Als Anfänger verwendet man eine einfache Sauce wie diese. Mit etwas mehr Übung kann man verschiedene Saucen und Füllungen ausprobieren.

- 1–2 TL Butter
- 2 kleine Zwiebeln, abgezogen und feingehackt
- 50 g Champignons, feingehackt
- 250 g Ricotta
- 50 g Greyerzer, gerieben
- 100 g Parmaschinken ohne Fett, in schmale Streifen geschnitten
- Pasta-Teig (Grundrezept, siehe Seite 20)
- 1 TL Olivenöl
- 4 Frühlingszwiebeln, geputzt und feingehackt
- 1 Dose geschälte Tomaten (400 g)
- Salz und frisch gemahlener schwarzer Pfeffer
- 2 EL frische glattblättrige Petersilie, gehackt
- frisch geriebener Parmesan

Für die Füllung die Butter in einem kleinen Topf zerlassen und die Hälfte der Zwiebeln 3 Min. sanft dünsten. Pilze zufügen und ebenfalls etwa 3 Min. garen. Abtropfen lassen und beiseite stellen.

Den Ricotta schlagen, bis er cremig ist, dann Greyerzer, Pilze und Schinken untermischen.

Den Pasta-Teig herstellen und zu langen, dünnen Platten von etwa 10 cm Breite ausrollen (siehe Seite 22).

Die Füllung in einen großen Spritzbeutel geben und auf eine Hälfte jeder Teigplatte kleine Häufchen setzen. Die Platten mit etwas Wasser bepinseln und über die Füllung legen. Mit einem geriffelten Keksausstecher Quadrate ausstechen. Die Ränder befeuchten und die Quadrate in der Mitte falten, so daß Dreiecke entstehen. Die Ränder zusammendrücken. Die äußeren Zipfel eines Dreiecks um den Finger legen und zusammendrücken. Mit den übrigen Teigtaschen genauso verfahren.

Die Tortelloni in reichlich kochendem Salzwasser 4–5 Min. garen. Abtropfen lassen und in eine Servierschüssel geben.

Während die Tortelloni garen, die Sauce zubereiten. Das Öl erhitzen. Restliche Zwiebel und Frühlingszwiebeln darin 2 Min. sanft dünsten. Tomaten zugeben und 5 Min. köcheln lassen. Salz und Pfeffer nach Geschmack sowie gehackte Petersilie zufügen. Die Sauce über die gegarten Tortelloni gießen und servieren. Den geriebenen Parmesan getrennt reichen.

NÄHRWERTANGABEN

Für 4 Personen
Portionsgröße 380 g
603 kcal/2533 kJ

Protein insgesamt	30,3 g
Kohlenhydrate insgesamt	65,2 g
Zucker	7,1 g
Fett insgesamt	26,7 g
Ges. Fettsäuren	12,2 g
Mehrfach unges. Fettsäuren	2,1 g
Einfach unges. Fettsäuren	9,6 g
Ballaststoffe	3,8 g
Natrium	995 mg
Cholesterin	237 mg

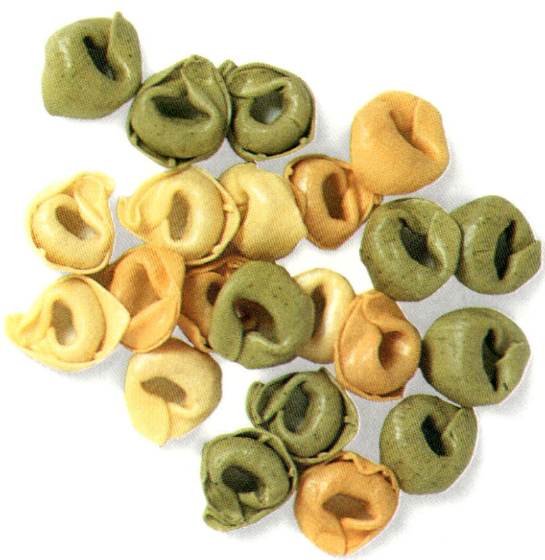

Offene Ravioli

Dieses Rezept – eine Variante der konventionellen Ravioli – richtet sich an Köche mit wenig Zeit. Es eignet sich für zahlreiche Füllungen. Statt gehacktem Hühnerfleisch kann man ebenso gut gehacktes Lamm-, Rind- oder Schweinefleisch verwenden.

NÄHRWERTANGABEN

Für 4 Personen
Portionsgröße 435 g
676 kcal/2840 kJ

Protein insgesamt	32,5 g
Kohlenhydrate insgesamt	74,4 g
Zucker	11,1 g
Fett insgesamt	30 g
Ges. Fettsäuren	5 g
Mehrfach unges. Fettsäuren	5,7 g
Einfach unges. Fettsäuren	16,9 g
Ballaststoffe	5,3 g
Natrium	424 mg
Cholesterin	277 mg

- 1 Jalapeño-Chilischote, entkernt und feingehackt
- 2 EL Olivenöl
- 6 Frühlingszwiebeln, geputzt und feingehackt
- 250 g gehacktes Hühnerfleisch
- 25 g Pinienkerne, geröstet und gehackt
- 50 g frische Weißbrotkrumen
- 25 g Trockenaprikosen, feingehackt
- 1 Ei, verquirlt
- Pasta-Teig (Grundrezept, siehe Seite 20)
- Würzige Tomatensauce (siehe Seite 29)
- einige Stengel glattblättrige Petersilie

Die Chilischote in 1 EL Öl 2 Min. dünsten. Die Frühlingszwiebeln zufügen und 1 Min. braten.

Das Fleisch zugeben und 5 Min. braten, bis es durch ist. Pinienkerne, Brotkrumen und Aprikosen sorgfältig untermischen. Von der Kochstelle nehmen und das Ei zufügen. Wieder auf den Herd setzen und das Ei 2 Min. behutsam garen, bis es gestockt ist. Warm stellen.

In der Zwischenzeit den Pasta-Teig ausrollen und in 7,5 cm große Quadrate schneiden. In einem großen Topf Wasser zum Kochen bringen und 1 EL Öl zufügen. Dann die Quadrate nacheinander hineingleiten lassen und 3–4 Min. garen. Vorsichtig herausnehmen und zwischen vorgewärmten Geschirrhandtüchern warm halten.

Die Tomatensauce unter gelegentlichem Rühren erhitzen. Jeweils 2–3 Nudelquadrate auf einen vorgewärmten Teller legen und 1–2 EL Fleischmischung daraufsetzen. Mit Nudelplatten bedecken. Etwas Tomatensauce darübergeben, die restliche Sauce getrennt reichen. Mit glattblättriger Petersilie garnieren.

Tortelloni mit Ricotta und Kräutern

Verwenden Sie für dieses Rezept Ihre Lieblingskräuter. Selbst gehackter Spinat und Rauke sind geeignet.

NÄHRWERTANGABEN

Für 4 Personen
Portionsgröße 425 g
692 kcal/2900 kJ

Protein insgesamt	26 g
Kohlenhydrate insgesamt	67,3 g
Zucker	9,2 g
Fett insgesamt	37,7 g
Ges. Fettsäuren	20 g
Mehrfach unges. Fettsäuren	2,7 g
Einfach unges. Fettsäuren	11,9 g
Ballaststoffe	4,4 g
Natrium	687 mg
Cholesterin	316 mg

- 250 g Ricotta
- 50 g Fontina, gehackt
- 4 EL gehackte frische Kräuter wie Basilikum, Salbei, glattblättrige Petersilie und Oregano
- 1 Eigelb
- Salz und frisch gemahlener schwarzer Pfeffer
- ½ TL geriebene Muskatnuß
- Pasta-Teig (Grundrezept, siehe Seite 20)
- Butter-Tomaten-Sauce (siehe Seite 39)
- zusätzlich 2 EL gehackte frische Kräuter zum Garnieren
- frisch geriebener Parmesan

Für die Füllung beide Käsesorten mit den gehackten Kräutern, Eigelb, Salz, Pfeffer und Muskatnuß in einer Schüssel mischen. Den Pasta-Teig in 10 cm breiten Streifen ausrollen.

Die Füllung in einen Spritzbeutel füllen und auf eine Hälfte der Pasta-Streifen kleine Häufchen setzen. Die Ränder befeuchten und den Teig über die Füllung klappen. Quadrate ausstechen und, wie auf Seite 83 beschrieben, zu Tortelloni formen.

Die Tortelloni in reichlich kochendem Salzwasser in 4–5 Min. »al dente« garen. Abtropfen lassen und wieder in den Topf geben.

Die Sauce behutsam erhitzen und unter die gegarten Tortelloni heben. Mit den gehackten Kräutern bestreut sofort servieren. Den geriebenen Parmesan getrennt reichen.

Offene Ravioli

Lasagne mit Pute, Tomate und Basilikum

Für diese leckere Lasagne können Sie gehacktes Putenbrustfleisch oder gehacktes Hähnchenbrustfilet verwenden.

NÄHRWERTANGABEN

Für 4 Personen
Portionsgröße 475 g
533 kcal/2255 kJ

Protein insgesamt	38,4 g
Kohlenhydrate insgesamt	74,6 g
Zucker	10,7 g
Fett insgesamt	11,1 g
Ges. Fettsäuren	2,8 g
Mehrfach unges. Fettsäuren	0,8 g
Einfach unges. Fettsäuren	5 g
Ballaststoffe	5 g
Natrium	306 mg
Cholesterin	58 mg

- 1 große Zwiebel, abgezogen und feingehackt
- 2–3 Knoblauchzehen, abgezogen und zerdrückt
- 2 EL Olivenöl
- 350 g gehacktes Putenfleisch
- 2 Dosen geschälte Tomaten (je 400 g)
- Salz und frisch gemahlener schwarzer Pfeffer
- 2 EL frisches Basilikum, gehackt
- 6–8 frische grüne Lasagneplatten
- 250 g Zucchini, geschält, längs in Scheiben geschnitten und blanchiert

Den Backofen 10 Min. vor Garen der Lasagne auf 190 °C vorheizen. Zwiebel und Knoblauch im heißen Öl 5 Min. dünsten, bis die Zwiebel weich ist. Das Fleisch zufügen und etwa 5 Min. braten, bis es gebräunt ist.

Die geschälten Tomaten zufügen und zum Kochen bringen, dann die Hitze reduzieren und den Topfinhalt 10 Min. köcheln lassen, bis eine dicke Sauce entstanden ist. Mit Salz und Pfeffer abschmecken und das Basilikum unterrühren.

In einem großen Topf Wasser zum Kochen bringen und 1 EL Salz zufügen. Nacheinander 4 Lasagneplatten hineingleiten lassen. 2–3 Min. garen, dabei darauf achten, daß sie nicht zusammenkleben. Abtropfen lassen, auf ein sauberes Geschirrhandtuch legen und trockentupfen. Mit den übrigen Lasagneplatten genauso verfahren.

Etwa ein Drittel der Sauce auf dem Boden einer ofenfesten Form verteilen, mit einer Schicht Zucchinischeiben und 3–4 Lasagneplatten bedecken. Vorgang wiederholen und zum Schluß die restliche Sauce verteilen. Den Käse darüberstreuen. Die Lasagne in 20–25 Min. goldbraun backen. Mit Basilikum garniert servieren.

Ravioli mit Pilzen

Zu diesen Ravioli paßt eine aromatische Tomatensauce, über die man noch ein wenig frisch geriebenen Parmesan streut.

NÄHRWERTANGABEN

Für 4 Personen
Portionsgröße 325 g
509 kcal/2137 kJ

Protein insgesamt	19,2 g
Kohlenhydrate insgesamt	63,7 g
Zucker	5,5 g
Fett insgesamt	21,7 g
Ges. Fettsäuren	10,2 g
Mehrfach unges. Fettsäuren	1,9 g
Einfach unges. Fettsäuren	7,5 g
Ballaststoffe	3,9 g
Natrium	450 mg
Cholesterin	219 mg

- 50 g Butter
- 2 kleine Zwiebeln, abgezogen und feingehackt
- 250 g gemischte Pilze, feingehackt
- 100 g Ricotta
- Salz und frisch gemahlener schwarzer Pfeffer
- Pasta-Teig (Grundrezept, siehe Seite 20)
- 300 g passierte Tomaten
- 2 EL frisches Basilikum, gehackt
- frisch geriebener Parmesan

Für die Füllung 30 g Butter in einer kleinen Pfanne erhitzen und die Hälfte der Zwiebeln behutsam 5 Min. dünsten. Pilze zufügen und 5 Min. unter häufigem Rühren garen. Von der Kochstelle nehmen und abkühlen lassen.

Den Ricotta glattschlagen. Abgekühlte Pilze sowie Salz und Pfeffer nach Geschmack unterrühren. Den Pasta-Teig ausrollen und, wie auf Seite 24 gezeigt, Ravioli herstellen.

Für die Sauce die restliche Butter in einem Topf zerlassen und die übrige Zwiebel 5 Min. dünsten. Die passierten Tomaten zufügen und 10 Min. köcheln lassen. Mit Salz und Pfeffer abschmecken und das Basilikum zufügen.

Die Ravioli in kochendem Salzwasser in 4–5 Min. »al dente« garen. Abtropfen lassen und wieder in den Topf geben, dann die Sauce unterheben. Mit dem geriebenen Käse servieren.

Lasagne mit Pute, Tomate und Basilikum

Ravioli mit Lachs und Spargel

Ravioli mit Lachs und Spargel

Auch mit frischem Lachs zubereitet schmeckt dieses Gericht sehr gut. Allerdings müssen vorher alle Gräten entfernt werden.

- 4–5 Stangen frischer Spargel, geschält
- 200 g Ricotta
- 100 g Räucherlachs, in schmale Streifen geschnitten
- 2 TL abgeriebene Zitronenschale
- frisch gemahlener schwarzer Pfeffer
- Pasta-Teig (Grundrezept, siehe Seite 20)
- 150 ml saure Sahne
- 1 EL frischer Dill, gehackt

Den Spargel in kochendem Wasser 2 Min. blanchieren, dann abtropfen lassen. Ricotta und Räucherlachs in einer Schüssel mischen. Den blanchierten Spargel fein hacken und zusammen mit abgeriebener Zitronenschale und Pfeffer in die Lachsmischung rühren. Beiseite stellen.

Den Pasta-Teig ausrollen und mit der Füllung, wie auf Seite 24 beschrieben, Ravioli herstellen.

Die Ravioli in kochendem Salzwasser in 4–5 Min. »al dente« garen. Abtropfen lassen und wieder in den Topf geben. Saure Sahne und Dill zufügen. Unter behutsamem Rühren 2 Min. erhitzen, dann sofort servieren.

NÄHRWERTANGABEN

Für 4 Personen
Portionsgröße 260 g
529 kcal/2222 kJ

Protein insgesamt	25,2 g
Kohlenhydrate insgesamt	61,2 g
Zucker	4 g
Fett insgesamt	22,3 g
Ges. Fettsäuren	9,8 g
Mehrfach unges. Fettsäuren	2,1 g
Einfach unges. Fettsäuren	8,2 g
Ballaststoffe	2,9 g
Natrium	694 mg
Cholesterin	232 mg

Pasta-Rouladen

Die Zubereitung dieses Gerichtes ist ein wenig aufwendiger, doch die Mühe lohnt sich. Die Füllung kann abgewandelt werden, etwa indem man 50 g gehackte Waldpilze oder Prosciutto-Stückchen und abgezogene, entkernte und gehackte Tomaten zufügt.

- 25 g Butter
- 1 Zwiebel, abgezogen und gehackt
- 2 Knoblauchzehen, abgezogen und zerdrückt
- 300 g Tiefkühl-Spinat, aufgetaut und gehackt
- 150 g Pilze, geputzt und feingehackt
- 200 g Ziegenkäse, zerkrümelt
- 200 g Ricotta
- Salz und frisch gemahlener schwarzer Pfeffer
- ½ TL geriebene Muskatnuß
- 225 g Pasta-Teig (Grundrezept, siehe Seite 20)
- 250 ml Gemüsebrühe
- 300 ml Schnelle Tomatensauce (siehe Seite 36)
- Basilikumstengel

Den Backofen 10 Min. vor Garen der Pasta auf 190 °C vorheizen. Für die Füllung die Butter in einem schweren Topf zerlassen. Zwiebel und Knoblauch darin 2 Min. dünsten. Den Spinat sorgfältig ausdrücken, mit den Pilzen in den Topf geben und 2 Min. sanft garen. Ziegenkäse, Ricotta, Salz und Pfeffer nach Geschmack sowie Muskatnuß unterrühren.

Mit der Nudelmaschine den Teig zu 13 cm breiten Streifen ausrollen und diese in 10 cm breite Stücke schneiden. Die Nudelplatten in reichlich kochendem Salzwasser portionsweise in 3–4 Min. garen, dabei ab und zu rühren, damit sie nicht zusammenkleben. Die Pasta aus dem Topf nehmen und auf sauberen Geschirrhandtüchern gut abtropfen lassen.

Die Nudelplatten mit Füllmasse bestreichen und aufrollen. In eine gebutterte ofenfeste Form setzen und die Gemüsebrühe darübergießen. Die Form mit Alufolie abdecken und für 20 Min. in den Ofen schieben, bis die Rouladen sehr heiß sind.

In der Zwischenzeit die vorbereitete Sauce erhitzen. Zum Servieren auf jeden Teller etwas Sauce schöpfen und 3–4 Pasta-Rouladen daraufsetzen. Mit Basilikum garniert sofort servieren.

NÄHRWERTANGABEN

Für 4 Personen
Portionsgröße 420 g
478 kcal/1999 kJ

Protein insgesamt	20,9 g
Kohlenhydrate insgesamt	38,5 g
Zucker	8,3 g
Fett insgesamt	28 g
Ges. Fettsäuren	12,9 g
Mehrfach unges. Fettsäuren	2,2 g
Einfach unges. Fettsäuren	10,3 g
Ballaststoffe	4,5 g
Natrium	1019 mg
Cholesterin	125 mg

Cannelloni mit Krebsfleisch und Frühlingszwiebeln

Statt frischem Krebsfleisch können Sie auch Krebsfleisch aus der Dose oder Tiefkühlware verwenden. Drücken Sie dann aber behutsam die gesamte Flüssigkeit heraus.

NÄHRWERTANGABEN

Für 4 Personen
Portionsgröße 470 g
692 kcal/2929 kJ

Protein insgesamt	36,9 g
Kohlenhydrate insgesamt	110,9 g
Zucker	11,9 g
Fett insgesamt	14,3 g
Ges. Fettsäuren	3,6 g
Mehrfach unges. Fettsäuren	1,7 g
Einfach unges. Fettsäuren	4,4 g
Ballaststoffe	6,4 g
Natrium	572 mg
Cholesterin	67 mg

- 300 g weißes Krebsfleisch
- 6 Frühlingszwiebeln, geputzt und feingehackt
- 2–3 kleine Jalapeño-Chillies, entkernt und feingehackt
- 3 feste Tomaten, abgezogen, entkernt und feingehackt
- Salz und frisch gemahlener schwarzer Pfeffer
- 10–12 frische Lasagneplatten
- 1 EL Olivenöl
- 1 mittelgroße Zwiebel, abgezogen und feingehackt
- 1 Dose geschälte Tomaten (400 g)
- 150 ml passierte Tomaten
- 50 g Greyerzer, gerieben
- glattblättrige Petersilie

Den Backofen 10 Min. vor Garen der Cannelloni auf 190 °C vorheizen. Krebsfleisch, Frühlingszwiebeln, Chillies, Tomaten sowie Salz und Pfeffer nach Geschmack in einer Schüssel mischen.

In einem großen Topf Wasser zum Kochen bringen und 1 EL Salz zufügen. Nacheinander 4 Lasagneplatten hineingleiten lassen. 2–3 Min. garen, dabei darauf achten, daß sie nicht zusammenkleben. Abtropfen lassen, auf ein sauberes Geschirrhandtuch legen und trockentupfen. Mit den restlichen Lasagneplatten genauso verfahren.

Auf ein Ende jeder Lasagneplatte etwa 2 EL Füllmasse setzen. Die Ränder befeuchten und die Platten um die Füllung aufrollen. Die Cannelloni mit der Nahtstelle nach unten in eine ofenfeste Form legen.

Das Öl in einer Pfanne erhitzen und die Zwiebel 5 Min. dünsten. Geschälte Tomaten und passierte Tomaten zufügen und zum Kochen bringen. Die Hitze reduzieren und die Sauce 10 Min. köcheln lassen. Nach Geschmack salzen und pfeffern.

Die Sauce über die Nudeln gießen und den Käse darüberstreuen. Die Cannelloni 25 Min. im Ofen backen, bis sie goldbraun sind. Mit Petersilie garniert servieren.

Tortelloni mit Garnelen

Bei der Herstellung gefüllter Nudeln ist es wichtig, darauf zu achten, daß der Pasta-Teig während des Füllens nicht austrocknet. Am besten deckt man den Teig, den man gerade nicht braucht, fest mit Klarsichtfolie ab.

NÄHRWERTANGABEN

Für 4 Personen
Portionsgröße 325 g
722 kcal/3022 kJ

Protein insgesamt	35 g
Kohlenhydrate insgesamt	62,5 g
Zucker	4,9 g
Fett insgesamt	37,8 g
Ges. Fettsäuren	15,3 g
Mehrfach unges. Fettsäuren	2,8 g
Einfach unges. Fettsäuren	16,5 g
Ballaststoffe	2,7 g
Natrium	536 mg
Cholesterin	358 mg

- 50 g Parmesan, frisch gerieben
- 100 g geschälte Garnelen
- 250 g weißfleischiges Fischfilet ohne Haut
- 1 Eigelb
- 2 EL Doppelrahm oder Crème double
- Salz und frisch gemahlener schwarzer Pfeffer
- 1 TL Sardellenpaste
- Pasta-Teig (Grundrezept, siehe Seite 20)
- 4 Schalotten, abgezogen und feingehackt
- 3 EL Olivenöl
- 1 EL Tomatenmark
- 4 EL trockener Weißwein
- 150 ml saure Sahne
- 1 EL frischer Dill, gehackt

Für die Füllung Parmesan, Garnelen, Fisch und Eigelb in die Küchenmaschine geben, mischen und soviel Rahm zufügen, daß eine dicke Füllmasse entsteht. Mit Salz und Pfeffer abschmecken und die Sardellenpaste zufügen.

Den Pasta-Teig zu 10 cm breiten Streifen ausrollen und mit der Füllung, wie auf Seite 83 beschrieben, Tortelloni herstellen.

Die Tortelloni in 4–5 Min. »al dente« garen. Abtropfen lassen und wieder in den Topf geben.

In der Zwischenzeit für die Sauce die Schalotten 3 Min. im Öl dünsten. Tomatenmark und Wein mischen und in den Topf rühren. Zum Kochen bringen und 3 Min. köcheln lassen.

Saure Sahne und Dill unterrühren, 1 Min. erhitzen und unter die Tortelloni heben.

Cannelloni mit Krebsfleisch und Frühlingszwiebeln

Rindfleisch-Pilz-Cannelloni

Statt Steinpilzen und Pfifferlingen können Sie auch einfache Champignons verwenden.

NÄHRWERTANGABEN

Für 4 Personen
Portionsgröße 400 g
813 kcal/3436 kJ

Protein insgesamt	39,6 g
Kohlenhydrate insgesamt	124,6 g
Zucker	11,6 g
Fett insgesamt	18 g
Ges. Fettsäuren	8,4 g
Mehrfach unges. Fettsäuren	0,8 g
Einfach unges. Fettsäuren	4,7 g
Ballaststoffe	6,5 g
Natrium	393 mg
Cholesterin	59 mg

- 250 ml Milch
- ½ kleine Zwiebel, abgezogen
- ein Stück Möhre, geschält
- 1 Stange Staudensellerie, geputzt
- 2–3 ganze Nelken
- einige schwarze Pfefferkörner
- 1–2 Lorbeerblätter
- einige Stengel Petersilie
- 25 g Butter oder Margarine
- 25 g Mehl
- Salz
- 15 g getrocknete Steinpilze, 30 Min. in warmem Wasser eingeweicht
- 250 g mageres Rinderhackfleisch
- 1 Zwiebel, abgezogen und feingehackt
- 2 Knoblauchzehen, abgezogen und zerdrückt
- 100 g Pfifferlinge, feingehackt
- 150 ml Rotwein
- 2 EL Tomatenmark
- frisch gemahlener schwarzer Pfeffer
- 12 frische Lasagneplatten
- 100 g Mozzarella, in Scheiben geschnitten

Den Backofen 10 Min. vor Garen der Cannelloni auf 190 °C vorheizen. Die Milch mit Zwiebel, Möhre, Staudensellerie, Nelken, Pfefferkörnern, Lorbeerblättern und Petersilie in einen kleinen Topf geben und langsam erhitzen, bis sie beinahe kocht. Von der Kochstelle nehmen, abdekken und mindestens 15 Min. ziehen lassen. Durch ein Sieb gießen.

Das Fett in einem kleinen Topf zerlassen und das Mehl hineinrühren. Bei schwacher Hitze 2 Min. anschwitzen. Von der Kochstelle nehmen und langsam die zurückgestellte Milch hineinrühren. Den Topf wieder auf den Herd setzen und rühren, bis eine glatte, dicke Sauce entstanden ist. Salzen und mit einem befeuchteten Butterbrotpapier abdecken. Beiseite stellen.

Die Steinpilze abtropfen lassen und hacken, das Weichwasser aufbewahren. Das Rindfleisch in einer Pfanne bräunen, dabei Klümpchen mit der Gabel zerteilen. Zwiebel, Knoblauch, Steinpilze und Pfifferlinge zufügen und 5 Min. dünsten, bis die Zwiebel weich ist.

Den Wein zugießen, zum Kochen bringen und 5 Min. köcheln lassen. Das Tomatenmark mit aufbewahrtem Weichwasser, schwarzem Pfeffer und 2 EL Wasser vermischen und unter das Fleisch rühren. Alles noch einmal 5 Min. garen und abkühlen lassen.

In einem großen Topf Salzwasser zum Kochen bringen. Nacheinander 4 Lasagneplatten hineingleiten lassen. 2–3 Min. garen. Abtropfen lassen, auf ein Geschirrhandtuch legen und trockentupfen. Mit den restlichen Lasagneplatten genauso verfahren.

Die Fleischmischung auf die Platten verteilen und diese aufrollen (siehe Seite 90). In eine ofenfeste Form legen, die vorbereitete Sauce darübergießen und mit den Käsescheiben bedecken. Die Cannelloni in 25 Min. goldbraun backen. Sofort servieren.

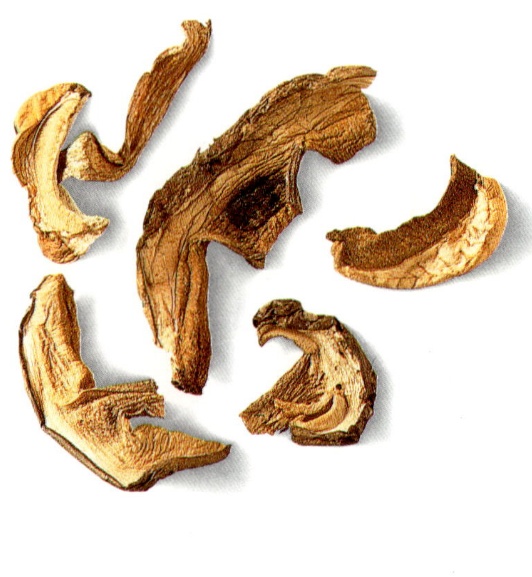

SIEBTES KAPITEL

GEFÄRBTE UND AROMATISIERTE PASTA

Ein Pasta-Buch wäre ohne ein Kapitel über gefärbte und aromatisierte Nudeln nur unvollständig. Die mögliche Farbpalette reicht von Schwarz über Safrangelb und Rot bis hin zu Grün und kann überdies durch Saucen und Kräuter ergänzt werden.

Tomaten-Spaghetti mit Pilzen

Trockenpilze und frische Pilze verleihen diesem Gericht jenes intensive Aroma, das für italienische Pilzgerichte so typisch ist. Getrocknete Steinpilze halten sich lange und sollten in keiner gut sortierten Speisekammer fehlen.

NÄHRWERTANGABEN

Für 4 Personen
Portionsgröße 275 g
511 kcal/2144 kJ

Protein insgesamt	15,6 g
Kohlenhydrate insgesamt	60,9 g
Zucker	2,5 g
Fett insgesamt	23,1 g
Ges. Fettsäuren	3,9 g
Mehrfach unges. Fettsäuren	2,7 g
Einfach unges. Fettsäuren	14,4 g
Ballaststoffe	3,7 g
Natrium	303 mg
Cholesterin	178 mg

Sauce

- 15 g getrocknete Steinpilze
- 3 EL Olivenöl
- 1 rote Zwiebel, abgezogen und in Spalten geschnitten
- 3–6 geräucherte Knoblauchzehen, abgezogen und in Scheiben geschnitten
- 200 g Pilze wie Austernpilze oder Pfifferlinge, geputzt und in Scheiben geschnitten
- 200 g Champignons, geputzt
- 6 EL Rotwein
- 2 EL natives Olivenöl extra
- Salz und frisch gemahlener schwarzer Pfeffer
- 2 EL frischer Salbei, gehackt

Zum Servieren

- 450 g frische Tomaten-Spaghetti
- gehackte frische Salbeiblätter

Die Steinpilze etwa 30 Min. in warmem Wasser einweichen. Abtropfen lassen und hacken, das Weichwasser aufbewahren.

Das Öl in einer Pfanne erhitzen. Zwiebel und Knoblauch darin 3 Min. dünsten. Gehackte Steinpilze sowie frische Pilze zufügen und 5 Min. unter häufigem Rühren garen.

Das Weichwasser durch ein feines Sieb in die Pfanne gießen und den Rotwein zufügen. Den Pfanneninhalt zum Kochen bringen und 5 Min. köcheln lassen, bis die Pilze gerade gar sind und die Flüssigkeit etwa auf die Hälfte eingekocht ist. Olivenöl, Salz, Pfeffer und Salbei unterrühren. Den Deckel auflegen und beiseite stellen.

In der Zwischenzeit die Tomaten-Spaghetti »al dente« garen. Abtropfen lassen und wieder in den Topf geben. Die Pilzsauce unterheben und mit Salbei bestreut servieren.

Rote-Bete-Ravioli mit Käsefüllung

Rote Bete und Käse passen unübertrefflich gut zusammen. Probieren Sie diese außergewöhnliche Kombination einmal selbst.

NÄHRWERTANGABEN

Für 4 Personen
Portionsgröße 235 g
514 kcal/2163 kJ

Protein insgesamt	24,1 g
Kohlenhydrate insgesamt	62,2 g
Zucker	5,1 g
Fett insgesamt	20,7 g
Ges. Fettsäuren	8,9 g
Mehrfach unges. Fettsäuren	1,8 g
Einfach unges. Fettsäuren	7,7 g
Ballaststoffe	2,3 g
Natrium	436 mg
Cholesterin	271 mg

- 250 g Ricotta
- 50 g Greyerzer, gerieben
- 2 EL frische Schnittlauchröllchen
- 1 Eigelb
- Salz und frisch gemahlener schwarzer Pfeffer
- Rote-Bete-Pasta-Teig
- 150 g Naturjoghurt
- frische Schnittlauchröllchen

Ricotta, Greyerzer, Schnittlauch, Eigelb sowie Salz und Pfeffer nach Geschmack in einer Schüssel glattrühren. Beiseite stellen.

Den Pasta-Teig ausrollen und, wie auf Seite 24 beschrieben, Ravioli herstellen, bis Teig und Füllung aufgebraucht sind. Die Ravioli vor dem Garen 1 Std. auf sauberen Geschirrhandtüchern trocknen lassen.

Die Ravioli in reichlich kochendem Salzwasser in 4–5 Min. »al dente« garen. Abtropfen lassen und wieder in den Topf geben. Den Joghurt unterheben und die Ravioli mit Schnittlauch bestreut sofort servieren.

Tomaten-Spaghetti mit Pilzen

Schwarze Tagliolini mit Porree und Orange

Schwarze Tagliolini mit Porree und Orange

Dieses farbenfrohe Gericht wird mit frisch geriebenem Pecorino Romano, grünem Salat und knusprigem italienischem Weißbrot serviert.

Sauce
- 25 g Butter
- 250 g kleine Porreestangen, in Ringe geschnitten
- 200 g Maiskölbchen, halbiert
- abgeriebene Schale und Saft von 1 großen unbehandelten Orange
- 1 große Orange, filetiert
- 25 g Pekannußkerne, grobgehackt
- 4 EL trockener Weißwein
- Salz und frisch gemahlener schwarzer Pfeffer

Zum Servieren
- 450 g frische schwarze Tagliolini
- frisch geriebener Pecorino Romano

Die Butter in einem Topf zerlassen und den Porree 3 Min. dünsten, bis er weich wird. Mais sowie Schale und Saft der Orange zufügen und 2–3 Min. erhitzen. Orangenfilets, Nüsse, Wein sowie Salz und Pfeffer nach Geschmack zugeben. Den Deckel auflegen, den Topf von der Kochstelle nehmen und beiseite stellen.

In der Zwischenzeit die Nudeln in reichlich kochendem Salzwasser in 1–2 Min. »al dente« garen. Abtropfen lassen und wieder in den Topf geben. Die Orangen-Porree-Sauce unterheben und mit dem geriebenen Käse bestreut servieren.

NÄHRWERTANGABEN

Für 4 Personen
Portionsgröße 300 g
505 kcal/2122 kJ

Protein insgesamt	17,9 g
Kohlenhydrate insgesamt	64,6 g
Zucker	6,7 g
Fett insgesamt	20,3 g
Ges. Fettsäuren	6,7 g
Mehrfach unges. Fettsäuren	2,8 g
Einfach unges. Fettsäuren	8,7 g
Ballaststoffe	5,2 g
Natrium	867 mg
Cholesterin	198 mg

Grüne Lasagne mit Pilzen und Bologneser Sauce

Die verwendeten Pilze können nach Belieben ausgewählt werden, und über den Joghurt kann man noch etwas geriebenen Mozzarella streuen. Dieses Gericht kann gut im voraus zubereitet und eingefroren werden.

- 3 EL Olivenöl
- 350 g Mischpilze, in Scheiben geschnitten
- Bologneser Sauce (siehe Seite 38)
- 6–8 frische grüne Lasagneplatten
- 2 Eier
- 150 g griechischer Joghurt

Den Backofen 10 Min. vor Garen der Lasagne auf 190 °C vorheizen. Das ÖL in einer Pfanne erhitzen und die Pilze 5 Min. unter gelegentlichem Rühren dünsten, bis sie weich sind. Von der Kochstelle nehmen und abtropfen lassen. Die Bologneser Sauce erhitzen und gut durchrühren.

In einem großen Topf Wasser zum Kochen bringen, 1 EL Salz zufügen und nacheinander 4 Lasagneplatten hineingleiten lassen. 2–3 Min. garen, dabei darauf achten, daß sie nicht zusammenkleben. Abtropfen lassen, auf ein sauberes Geschirrhandtuch legen und trockentupfen. Mit den restlichen Lasagneplatten genauso verfahren.

Eine Schicht Fleischsauce in einer ofenfesten Form verteilen und 3–4 Lasagneplatten darauflegen. Die Nudeln mit der Hälfte der Pilze bedecken, darauf die restliche Sauce geben. Die verbliebenen Lasagneplatten darauflegen und die übrigen Pilze verteilen.

Eier und Joghurt verquirlen und über die Pilze gießen. Die Lasagne etwa 30 Min. im Ofen backen, bis sie goldbraun ist.

NÄHRWERTANGABEN

Für 4 Personen
Portionsgröße 570 g
751 kcal/3156 kJ

Protein insgesamt	38,6 g
Kohlenhydrate insgesamt	76,3 g
Zucker	12,5 g
Fett insgesamt	30,8 g
Ges. Fettsäuren	8,5 g
Mehrfach unges. Fettsäuren	2,4 g
Einfach unges. Fettsäuren	15,8 g
Ballaststoffe	5,8 g
Natrium	359 mg
Cholesterin	173 mg

Vollkorn-Spaghettini mit Avocado

Avocados zum Kochen zu verwenden, mag ungewöhnlich klingen. Durch ihre cremige Konsistenz eignen sie sich jedoch ideal für Saucen. Relativ feste Avocados können auch in Stücke geschnitten und Pasta zugefügt werden.

NÄHRWERTANGABEN

Für 4 Personen
Portionsgröße 450 g
656 kcal/2748 kJ

Protein insgesamt	21,4 g
Kohlenhydrate insgesamt	68 g
Zucker	9,6 g
Fett insgesamt	33,7 g
Ges. Fettsäuren	8,3 g
Mehrfach unges. Fettsäuren	3,9 g
Einfach unges. Fettsäuren	18,9 g
Ballaststoffe	7,1 g
Natrium	753 mg
Cholesterin	192 mg

Sauce

- 1 reife Avocado und 1 etwas festere Avocado
- 2 EL Zitronensaft
- 3 EL Olivenöl
- 4 Eiertomaten, abgezogen, entkernt und in Scheiben geschnitten
- 1 rote und 1 gelbe Paprikaschote, entkernt und in Streifen geschnitten
- 6 EL trockener Weißwein
- 6 Frühlingszwiebeln, geputzt und schräg in Scheiben geschnitten
- 100 g Parmaschinken, in Streifen geschnitten
- Salz und frisch gemahlener schwarzer Pfeffer
- 2 EL saure Sahne
- 2 EL frisches Basilikum, gehackt

Zum Servieren

- 450 g frische Vollkorn-Spaghettini

Die reife Avocado schälen, entsteinen und mit dem Zitronensaft im Mixer pürieren. In eine Schüssel geben und mit Klarsichtfolie abdecken. Die zweite Avocado schälen, entsteinen und in Streifen schneiden, dann mit Klarsichtfolie abdecken und beide Avocados beiseite stellen.

Das Öl in einem Topf erhitzen. Tomaten und Paprikastreifen unter häufigem Rühren 5 Min. dünsten, dann den Weißwein zufügen und 3 Min. sanft köcheln lassen.

Frühlingszwiebeln, Parmaschinken, Salz, Pfeffer und die in Stücke geschnittene Avocado in den Topf geben. Die pürierte Avocado mit der sauren Sahne vermischen und in den Topf rühren. Den Topfinhalt 2–3 Min. erhitzen, dann das Basilikum untermischen. Den Deckel auflegen, den Topf von der Kochstelle nehmen und warm stellen, während die Pasta zubereitet wird.

Die Nudeln in reichlich kochendem Salzwasser in 1–2 Min. »al dente« garen. Abtropfen lassen und wieder in den Topf geben. Die Sauce unterheben und sofort servieren.

Vollkorn-Spaghettini mit Avocado

SAFRAN-FUSILLI MIT ZIEGENKÄSE

Ziegenkäse gibt es in unterschiedlichen Geschmacksrichtungen. Einige Sorten schmecken streng und sehr salzig, andere weitaus milder. Wer noch nie Ziegenkäse gegessen hat, sollte zunächst einen milden Käse versuchen, bevor er die strengeren Sorten probiert.

NÄHRWERTANGABEN

Für 4 Personen
Portionsgröße 300 g
606 kcal/2541 kJ

Protein insgesamt	22,5 g
Kohlenhydrate insgesamt	64,1 g
Zucker	5,3 g
Fett insgesamt	28,8 g
Ges. Fettsäuren	9,3 g
Mehrfach unges. Fettsäuren	2,4 g
Einfach unges. Fettsäuren	14,4 g
Ballaststoffe	3,6 g
Natrium	433 mg
Cholesterin	178 mg

Sauce

- 4 EL Olivenöl
- 3–4 Knoblauchzehen, in Scheiben geschnitten
- 1 große Zwiebel, in Ringe geschnitten
- 125 ml trockener Weißwein
- 250 g Zuckerschoten, geputzt und halbiert
- 250 g mit Kräutern überzogener Ziegenkäse, gewürfelt

Zum Servieren

- 450 g frische Safran-Fusilli
- frische glattblättrige Petersilie

Das Öl in einer Pfanne erhitzen. Knoblauch und Zwiebelringe 5 Min. braten. Dann den Weißwein zufügen, zum Kochen bringen und 3 Min. köcheln lassen.

Die Zuckerschoten in kochendem Wasser 1 Min. blanchieren. Abtropfen lassen und mit kaltem Wasser abschrecken. Mit dem gewürfelten Ziegenkäse in die Pfanne geben. Unter gelegentlichem Rühren behutsam 3 Min. erhitzen.

In der Zwischenzeit die Nudeln in reichlich kochendem Salzwasser in 1–2 Min. »al dente« garen. Abtropfen lassen und wieder in den Topf geben. Die Zuckerschoten-Käse-Mischung unterheben und mit Petersilie bestreut servieren.

PILZ-TAGLIATELLE MIT BRATWURST UND TOMATEN

Dieses Rezept basiert auf dem traditionellen englischen Frühstück, das heute mit sich ändernden Lebensweisen und Eßgewohnheiten allmählich verschwindet.

NÄHRWERTANGABEN

Für 4 Personen
Portionsgröße 330 g
715 kcal/2991 kJ

Protein insgesamt	25,3 g
Kohlenhydrate insgesamt	67,8 g
Zucker	5,7 g
Fett insgesamt	40,3 g
Ges. Fettsäuren	11,9 g
Mehrfach unges. Fettsäuren	4,4 g
Einfach unges. Fettsäuren	20,7 g
Ballaststoffe	3,8 g
Natrium	797 mg
Cholesterin	329 mg

Sauce

- 3 EL Olivenöl
- 1 Zwiebel, abgezogen und gehackt
- 250 g Bratwürstchen, in Scheiben geschnitten
- 4 feste Tomaten, abgezogen, entkernt und gehackt
- 2 EL frische glattblättrige Petersilie, gehackt
- Salz und frisch gemahlener schwarzer Pfeffer
- 2 Eier

Zum Servieren

- 450 g frische Pilz-Tagliatelle
- frisch geriebener Pecorino Romano

Das Öl in einer Pfanne erhitzen und die Zwiebel 5 Min. dünsten, bis sie weich ist. Dann die Würstchen zufügen und 2 Min. braten. Die Tomaten unterrühren, den Deckel auflegen und die Pfanne von der Kochstelle nehmen. Beiseite stellen.

In der Zwischenzeit die Tagliatelle in reichlich kochendem Salzwasser in 1–2 Min. »al dente« garen. Abtropfen lassen und wieder in den Topf geben.

Wurst, Tomaten und Petersilie sowie Salz und Pfeffer zufügen und unterheben. Noch einmal 1 Min. erhitzen, dann von der Kochstelle nehmen. Die Eier verquirlen und unter die Nudeln rühren. Sobald sie gestockt sind, das Gericht mit dem frisch geriebenen Käse servieren.

Safran-Fusilli mit Ziegenkäse

Schwarze Spaghettini mit Garnelen

Schwarze Spaghettini mit Garnelen

Allein die Farben dieses Gerichtes sind einfach überwältigend. Für eine noch größere Wirkung sollten Sie die Farbe der Servierteller auf das Gericht abstimmen.

Sauce
- 3 EL Olivenöl
- 4 Schalotten, in dünne Spalten geschnitten
- 2–3 Serrano- oder Cayenne-Chillies, entkernt und gehackt
- 2–3 Knoblauchzehen, in Scheiben geschnitten
- 300 g große Garnelen, geschält, Schwänze ganz belassen
- 100 g Zuckerschoten, geputzt
- 4 EL trockener Weißwein
- abgeriebene Schale von 1 unbehandelten Limette
- 1 EL Balsamessig

Zum Servieren
- 450 g frische schwarze Spaghettini
- Limettenzesten und -scheiben zum Garnieren

Das Öl in einer Pfanne erhitzen. Schalotten, Chillies und Knoblauch darin 3 Min. dünsten. Garnelen zufügen und etwa 5 Min. braten, bis sie sich gerade rosa färben.

Die Zuckerschoten dritteln, mit dem Wein in die Pfanne geben und 2 Min. köcheln lassen. Limettenschale und Balsamessig unterrühren. Den Deckel auflegen, von der Kochstelle nehmen und warm stellen, während die Pasta gegart wird.

Die Nudeln in reichlich kochendem Salzwasser in 1 Min. »al dente« garen. Abtropfen lassen und wieder in den Topf geben. Garnelen und Sauce unterheben, garnieren und servieren.

NÄHRWERTANGABEN

Für 4 Personen
Portionsgröße 280 g
507 kcal/2132 kJ

Protein insgesamt	27,4 g
Kohlenhydrate insgesamt	61,6 g
Zucker	3,4 g
Fett insgesamt	17,5 g
Ges. Fettsäuren	3,1 g
Mehrfach unges. Fettsäuren	2 g
Einfach unges. Fettsäuren	10,5 g
Ballaststoffe	3,1 g
Natrium	310 mg
Cholesterin	325 mg

Tomaten-Pappardelle mit dreierlei Käse

Drei italienische Käsesorten werden in diesem Rezept kombiniert, um eine schnelle, sahnige Sauce mit einem Hauch Zitrone und Petersilie zuzubereiten.

Sauce
- 100 g Gorgonzola
- 200 ml Doppelrahm oder Crème double
- 50 g Parmesan, frisch gerieben
- 100 g Fontina
- abgeriebene Schale von 1 großen unbehandelten Zitrone
- 2 EL frische glattblättrige Petersilie, gehackt
- 50 g Walnüsse, grobgehackt

Zum Servieren
- 450 g frische Tomaten-Pappardelle
- glattblättrige Petersilie und Zitronenzesten zum Garnieren

Den Gorgonzola in kleine Würfel schneiden und mit Rahm, Parmesan und Fontina in einen Topf geben. Behutsam erhitzen und rühren, bis der Käse vollständig geschmolzen ist.

Abgeriebene Zitronenschale, gehackte Petersilie und Walnüsse unterrühren. Den Deckel auflegen, den Topf von der Kochstelle nehmen und warm halten.

In der Zwischenzeit die Pappardelle in reichlich kochendem Salzwasser in 1–2 Min. »al dente« garen. Abtropfen lassen und wieder in den Topf geben. Die Käsesauce unterheben, das Gericht garnieren und sofort servieren.

NÄHRWERTANGABEN

Für 4 Personen
Portionsgröße 250 g
857 kcal/3573 kJ

Protein insgesamt	28,6 g
Kohlenhydrate insgesamt	60,4 g
Zucker	3,1 g
Fett insgesamt	57,6 g
Ges. Fettsäuren	27,9 g
Mehrfach unges. Fettsäuren	8,5 g
Einfach unges. Fettsäuren	16,9 g
Ballaststoffe	2,9 g
Natrium	856 mg
Cholesterin	278 mg

Pasta rossa mit Spargel und Räucherschinken

Spargel schmeckt herrlich, wenn man ihn kurz in gutem Öl sautiert und »al dente« serviert. Dieses Gericht erhält durch den geräucherten Schinken einen kräftigen Geschmack, der gut zu der aromatisierten Pasta paßt.

NÄHRWERTANGABEN

Für 4 Personen
Portionsgröße 335 g
660 kcal/2763 kJ

Protein insgesamt	24,8 g
Kohlenhydrate insgesamt	61,3 g
Zucker	3,6 g
Fett insgesamt	34,9 g
Ges. Fettsäuren	13,2 g
Mehrfach unges. Fettsäuren	2,8 g
Einfach unges. Fettsäuren	15,9 g
Ballaststoffe	4 g
Natrium	1183 mg
Cholesterin	215 mg

Sauce

- 4 EL Olivenöl
- 6 Schalotten, in Scheiben geschnitten
- 2 Knoblauchzehen, abgezogen und zerdrückt
- 2 Stangen Staudensellerie, geputzt und gehackt
- 1 Bund dünner Spargel, geputzt und in Stücke geschnitten
- 125 ml trockener Weißwein
- 200 g Räucherschinken, in Streifen geschnitten
- 4 EL Mascarpone
- Salz und frisch gemahlener schwarzer Pfeffer
- 2 EL frische glattblättrige Petersilie, gehackt

Zum Servieren

- 450 g frische Rote-Bete-Spaghetti
- glattblättrige Petersilie zum Garnieren

Das Öl in einem Topf erhitzen. Schalotten, Knoblauch und Staudensellerie darin etwa 5 Min. dünsten, bis sie weich sind. Den Spargel zufügen und 1 Min. garen.

Den Wein zugeben, zum Kochen bringen und etwa 5 Min. köcheln lassen, bis er auf etwa die Hälfte eingekocht ist. Den Schinken zufügen, den Deckel auflegen und den Topf von der Kochstelle nehmen.

In der Zwischenzeit die Spaghetti »al dente« garen. Abtropfen lassen und wieder in den Topf geben. Die Spargelmischung mit Mascarpone, Salz und Pfeffer sowie Petersilie zufügen und unterheben. Garnieren und sofort servieren.

Kräuter-Spaghetti mit Mascarpone und Spinat

Trotz ihrer einfachen Zubereitung macht diese köstliche Sauce großen Eindruck.

NÄHRWERTANGABEN

Für 4 Personen
Portionsgröße 320 g
628 kcal/2624 kJ

Protein insgesamt	17,4 g
Kohlenhydrate insgesamt	64,1 g
Zucker	5,8 g
Fett insgesamt	35,5 g
Ges. Fettsäuren	18,4 g
Mehrfach unges. Fettsäuren	2,6 g
Einfach unges. Fettsäuren	11,7 g
Ballaststoffe	5,1 g
Natrium	566 mg
Cholesterin	234 mg

Sauce

- 25 g Butter
- 1 Zwiebel, abgezogen und gehackt
- 2–3 geräucherte Knoblauchzehen, abgezogen und in dünne Scheiben geschnitten
- 1 rote Paprikaschote, entkernt und gehackt
- 2 EL frischer Thymian, grobgehackt
- 350 g frischer Spinat, geputzt und zerkleinert
- 200 g Mascarpone
- Salz und frisch gemahlener schwarzer Pfeffer
- ½–1 TL geriebene Muskatnuß

Zum Servieren

- 450 g frische Kräuter-Spaghetti

Die Butter in einem Topf zerlassen. Zwiebel und Knoblauch darin 5 Min. dünsten, dann die Paprikaschote zufügen und 3 Min. garen. Thymian und Spinat unterrühren und 5 Min. erhitzen. Mascarpone, Salz und Pfeffer nach Geschmack sowie Muskatnuß untermischen. Alles noch einmal 3–5 Min. behutsam garen, dabei ab und zu umrühren.

In der Zwischenzeit die Nudeln in reichlich kochendem Salzwasser in 1–2 Min. »al dente« garen. Abtropfen lassen und wieder in den Topf geben. Die Sauce unterheben und servieren.

ACHTES KAPITEL

NUDELSALATE

Die Nudelsalate in diesem Kapitel können als Imbiss oder als Hauptmahlzeit gereicht werden. Verschiedene Pasta-Sorten werden mit einer aufregenden Vielfalt an Zutaten und schmackhaften Dressings kombiniert. Wichtig ist dabei aber immer, Farbe und Form der Nudeln mit den anderen Zutaten abzustimmen, um den Salat möglichst verlockend aussehen zu lassen.

Waldorfsalat mit Pasta

Dieses Gericht basiert auf dem berühmten Waldorfsalat, für den jeder Koch sein eigenes Rezept hat. Diese Variante verleiht dem Originalrezept ein ganz neues Gesicht.

NÄHRWERTANGABEN

Für 4 Personen
Portionsgröße 315 g
424 kcal/1779 kJ

Protein insgesamt	12,3 g
Kohlenhydrate insgesamt	49 g
Zucker	19,4 g
Fett insgesamt	21,4 g
Ges. Fettsäuren	2,7 g
Mehrfach unges. Fettsäuren	3,1 g
Einfach unges. Fettsäuren	8 g
Ballaststoffe	5 g
Natrium	378 mg
Cholesterin	99 mg

Salat

- 2 rote Äpfel, gewaschen, geviertelt und entkernt
- 2 reife Birnen, gewaschen, geviertelt und entkernt
- Saft von 1 Zitrone
- 4 Stangen Staudensellerie, in Scheiben geschnitten
- 50 g Pekannußhälften
- 225 g frische Pasta wie Brandelle
- 1 kleiner Kopf Römischer Salat
- frisch geriebener Pecorino Romano

Dressing

- 3 EL fettreduzierte Mayonnaise
- 2 EL Frischkäse
- 1–2 TL mittelscharfes Currypulver

Äpfel und Birnen in dünne Scheiben schneiden, in eine Schüssel geben und den Zitronensaft unterheben. Staudensellerie und Pekannüsse zufügen und unterheben.

Die Nudeln in reichlich kochendem Salzwasser in 1–2 Min. »al dente« garen. Abtropfen lassen und in die Schüssel geben.

Für das Dressing Mayonnaise, Frischkäse und Currypulver nach Geschmack verrühren und beiseite stellen. Den Römischen Salat waschen und mit ihm eine Salatschüssel auslegen. Den Waldorfsalat darauf anrichten und das Dressing darübergeben. Mit dem geriebenen Pecorino Romano bestreut servieren.

Warmer Ravioli-Salat

Bei diesem Salat, der mit einer Kräuter-Vinaigrette angemacht wird, dient frische glattblättrige Petersilie als Ravioli-Füllung.

NÄHRWERTANGABEN

Für 4 Personen
Portionsgröße 170 g
450 kcal/1877 kJ

Protein insgesamt	17,4 g
Kohlenhydrate insgesamt	30,3 g
Zucker	1,2 g
Fett insgesamt	30 g
Ges. Fettsäuren	5,1 g
Mehrfach unges. Fettsäuren	2,7 g
Einfach unges. Fettsäuren	17,2 g
Ballaststoffe	1,5 g
Natrium	660 mg
Cholesterin	327 mg

Salat

- ½ Portion Pasta-Teig (Grundrezept, siehe Seite 20)
- 1 kleiner Bund glattblättrige Petersilie, gewaschen
- 50 g konservierte Anchovisfilets, abgetropft (und falls gewünscht gewässert)
- 2 EL Kapern
- 4 hartgekochte Eier, gepellt und in Scheiben geschnitten

Dressing

- 6 EL natives Olivenöl extra
- 2 Knoblauchzehen, abgezogen und zerdrückt
- 2 Schalotten, abgezogen und feingehackt
- 1 EL frische glattblättrige Petersilie, gehackt
- 1 EL frisches Basilikum, gehackt
- Salz und frisch gemahlener schwarzer Pfeffer
- 1 EL Balsamessig

Mit der Nudelmaschine den Pasta-Teig zu Streifen von etwa 13 cm Breite ausrollen. Auf eine Hälfte der Teigplatten glattblättrige Petersilie legen, die Ränder anfeuchten und die andere Hälfte über die Petersilie klappen.

Mit einem geriffelten Ausstecher Quadrate ausstechen, dabei darauf achten, daß jedes einen Stengel Petersilie enthält. Mit etwas Mehl bestäuben und etwa 1 Std. trocknen lassen.

Für das Dressing das Öl in einer Pfanne erhitzen. Knoblauch und Schalotten darin 5 Min. dünsten, bis sie weich sind. Von der Kochstelle nehmen und Kräuter, Salz und Pfeffer nach Geschmack sowie Essig unterrühren. Zudecken und beiseite stellen.

Die Ravioli in reichlich kochendem Salzwasser »al dente« garen. Abtropfen lassen und wieder in den Topf geben. Das vorbereitete Dressing darübergießen und unterheben. Die Ravioli in eine vorgewärmte Servierschüssel geben und darauf Anchovis, Kapern und hartgekochte Eier anrichten. Dann servieren.

Waldorfsalat mit Pasta

Farfalle mit marinierten Paprikaschoten

Wenn man vor dem Marinieren die Haut der Paprikaschoten abzieht, nehmen sie das Aroma der Marinade rascher auf. Zudem sind sie leichter bekömmlich und süßer.

NÄHRWERTANGABEN

Für 4 Personen
Portionsgröße 350 g
450 kcal/1887 kJ

Protein insgesamt	12,6 g
Kohlenhydrate insgesamt	50,3 g
Zucker	11,7 g
Fett insgesamt	23,6 g
Ges. Fettsäuren	4,6 g
Mehrfach unges. Fettsäuren	2,5 g
Einfach unges. Fettsäuren	14,8 g
Ballaststoffe	5,3 g
Natrium	250 mg
Cholesterin	94 mg

Salat

- 2 rote Paprikaschoten, entkernt
- 2 gelbe Paprikaschoten, entkernt
- 2 grüne Paprikaschoten, entkernt
- 6 EL Olivenöl
- 1–2 Knoblauchzehen, abgezogen und zerdrückt
- 1 Jalapeño-Chilischote, entkernt und feingehackt
- 2 EL Zitronensaft
- abgeriebene Schale von ½ unbehandelten Zitrone
- 1 EL frisches Basilikum, gehackt
- 2 Scheiben festes Weißbrot

Zum Servieren

- Salatblätter
- 225 g frische Pasta wie Farfalle
- frisch geriebener Parmesan
- zusätzliche abgeriebene Zitronenschale

Den Grill auf hoher Stufe vorheizen und den Grillrost mit Alufolie abdecken. Die Paprika vierteln und mit der Hautseite nach oben auf den Rost legen. Für 10 Min. unter den Grill setzen, bis die Haut schwarz ist und Blasen wirft. Herausnehmen und in einem Folienbeutel abkühlen lassen.

Die Paprika häuten und in schmale Streifen schneiden. In eine flache Schüssel geben und mit dem Öl übergießen. Knoblauch, Chilischote, Zitronensaft und abgeriebene Zitronenschale sowie Basilikum darüberstreuen. Abdecken und für mindestens 2 Stunden in den Kühlschrank stellen, dabei gelegentlich wenden.

Das Brot würfeln. Die Paprikaschoten abtropfen lassen, die Marinade aufbewahren. 3 EL Marinade in einer Pfanne erhitzen und die Brotwürfel unter häufigem Rühren braten. Auf Küchenpapier abtropfen lassen und beiseite stellen.

Die Nudeln in reichlich kochendem Salzwasser in 1–2 Min. »al dente« garen. Abtropfen lassen und wieder in den Topf geben. Die Paprika unterheben.

Die Salatblätter in einer Schüssel arrangieren und die Pasta-Paprika-Mischung darauf anrichten. Marinade und Croûtons darübergeben. Mit frisch geriebenem Parmesan und abgeriebener Zitronenschale bestreut servieren.

Farfalle mit marinierten Paprikaschoten

Nudelsalat mit Krebsfleisch und Früchten

Nudelsalat mit Krebsfleisch und Früchten

Das Dressing für diesen Salat stammt aus einem alten Kochbuch. Aromatisierter Essig und Öl peppen es etwas auf, so daß dieses Dressing sicher bald zu Ihren Lieblingsrezepten gehören wird.

Salat

- 225 g gegarte frische Pasta wie dreifarbige Spaghetti
- 200 g weißes Krebsfleisch, zerblättert
- 2 Orangen, geschält und filetiert
- 2 rosa Grapefruit, geschält und filetiert
- 2 EL frische Minze, gehackt
- 50 g Pekannußhälften

Dressing

- 2 reife Birnen
- 125 ml Walnußöl
- 4 EL natives Olivenöl extra
- 1 EL Orangen- oder Himbeeressig
- Salz und frisch gemahlener schwarzer Pfeffer

Die gegarten Nudeln in eine Schüssel geben und Krebsfleisch, Orangen- und Grapefruitfilets, gehackte Minze und Pekannüsse zufügen. Durchheben und in einer Servierschüssel anrichten.

Für das Dressing die Birnen schälen und das Kerngehäuse entfernen. Die Birnen im Mixer pürieren und langsam zuerst das Walnußöl, dann das Olivenöl zufügen. Essig sowie Salz und Pfeffer nach Geschmack zugeben und 30 Sek. glattpürieren. Das Dressing über den Salat gießen und unterheben, dann servieren.

NÄHRWERTANGABEN

Für 4 Personen
Portionsgröße 495 g
674 kcal/2799 kJ

Protein insgesamt	14,9 g
Kohlenhydrate insgesamt	35,9 g
Zucker	23,5 g
Fett insgesamt	53,2 g
Ges. Fettsäuren	5,4 g
Mehrfach unges. Fettsäuren	25,2 g
Einfach unges. Fettsäuren	19,1 g
Ballaststoffe	5,9 g
Natrium	318 mg
Cholesterin	36 mg

Nudelsalat mit Joghurt

Für Salat-Dressings können vielerlei Zutaten verwendet werden. Joghurt bildet eine ideale Basis für Dressings, vor allem für all diejenigen, die sich kalorienbewußt ernähren.

Salat

- 2 unbehandelte Orangen
- 1 EL Olivenöl
- 250 g Porree, geputzt und in Ringe geschnitten
- 2 EL Pinienkerne
- 2 EL frische glattblättrige Petersilie, gehackt
- 100 g Brokkoliröschen
- 100 g junge Möhren, gehackt
- 100 g Mortadella, in Streifen geschnitten
- 150 g fettarmer Naturjoghurt
- Salz und frisch gemahlener schwarzer Pfeffer
- Radicchioblätter

Zum Servieren

- 225 g frische Pasta wie dreifarbige Farfalle

Von einer der Orangen die Schale in Zesten abhobeln, dann beide Orangen schälen und filetieren. Zesten und Orangenfilets beiseite stellen.

Das Öl in einer Pfanne erhitzen und den Porree etwa 5 Min. garen, bis er gerade weich wird. Orangenzesten und Pinienkerne zufügen und 2 Min. dünsten. Von der Kochstelle nehmen, die Petersilie untermischen und in eine Schüssel geben.

Den Brokkoli in kleinere Röschen teilen und 2 Min. in leicht gesalzenem kochendem Wasser blanchieren. Abtropfen lassen und in kaltes Wasser tauchen. Wieder abtropfen lassen und zum Lauch geben.

Die Möhren in leicht gesalzenem kochendem Wasser etwa 5 Min. garen, bis sie gerade weich sind. Abtropfen lassen und zu den anderen Gemüsen geben.

Die Nudeln »al dente« garen. Abtropfen lassen und wieder in den Topf geben.

Mortadella, Gemüse und Orangenschnitze zu den Nudeln geben. Den Joghurt unterheben und mit Salz und Pfeffer abschmecken. Den Salat auf Radicchioblättern anrichten und servieren.

NÄHRWERTANGABEN

Für 4 Personen
Portionsgröße 335 g
392 kcal/1646 kJ

Protein insgesamt	15,8 g
Kohlenhydrate insgesamt	43,9 g
Zucker	14,4 g
Fett insgesamt	18,4 g
Ges. Fettsäuren	4,1 g
Mehrfach unges. Fettsäuren	4,4 g
Einfach unges. Fettsäuren	8,3 g
Ballaststoffe	5,7 g
Natrium	499 mg
Cholesterin	105 mg

Farfalle mit buntem Gemüse

Manchmal bleiben bei einer Mahlzeit Nudeln übrig. Aus ihnen läßt sich gut ein köstlicher Nudelsalat zubereiten. Am besten eignet sich dazu kurze Pasta.

NÄHRWERTANGABEN

Für 4 Personen
Portionsgröße 250 g
213 kcal/891 kJ

Protein insgesamt	5,3 g
Kohlenhydrate insgesamt	23,5 g
Zucker	5,4 g
Fett insgesamt	11,5 g
Ges. Fettsäuren	2,5 g
Mehrfach unges. Fettsäuren	2,7 g
Einfach unges. Fettsäuren	6,1 g
Ballaststoffe	2,4 g
Natrium	575 mg
Cholesterin	8 mg

Salat

- 100 g Zuckerschoten
- 6 Frühlingszwiebeln, geputzt
- 1 kleiner Bund Radieschen, geputzt
- 100 g Maiskölbchen, halbiert
- 100 g Kirschtomaten, halbiert
- 50 g Rauke, gewaschen
- 300 g gegarte frische Farfalle

Dressing

- 5 EL fettreduzierte Mayonnaise
- 3 EL Zitronensaft
- 2 EL frisches Basilikum, gehackt

Die Zuckerschoten halbieren und 1 Min. blanchieren. Abtropfen lassen und in kaltes Wasser tauchen, wieder abtropfen lassen und in eine Servierschüssel geben.

Die Frühlingszwiebeln schräg in Scheiben schneiden und zu den Zuckerschoten geben. Falls gewünscht, aus 4–5 Radieschen Röschen schneiden und diese in kaltes Wasser legen, damit sie sich öffnen. Die restlichen Radieschen in Scheiben schneiden und zusammen mit Maiskölbchen, Tomaten, Rauke und gegarten Farfalle in die Schüssel geben. Die Zutaten durchheben.

Die Zutaten für das Dressing mischen und unter den Salat heben. Den Salat mit den Radieschenrosen garniert servieren.

Nudelsalat mit Pute

Dieser schmackhafte und sättigende Salat eignet sich für Feste, aber auch als Mahlzeit.

Dressing
- 2 EL Olivenöl
- 1 kleine Zwiebel
- 1 EL mittelscharfes Currypulver
- 150 ml trockener Weißwein
- 50 g Trockenaprikosen, gehackt
- 4 EL fettreduzierte Mayonnaise
- 2 EL saure Sahne

Salat
- 250 g gegartes Putenfleisch, gewürfelt
- 300 g gegarte frische Pasta wie Brandelle
- 25 g Mandelblättchen, geröstet
- Salatblätter
- in Scheiben geschnittene frische Aprikosen

Für das Dressing das Olivenöl in einem Topf erhitzen und die Zwiebel behutsam 5 Min. dünsten, bis sie weich ist. Das Currypulver zufügen und unter häufigem Rühren 2 Min. garen. Den Weißwein sowie 3 EL Wasser dazugeben, dann die gehackten Aprikosen zufügen und 10 Min. sanft köcheln lassen, bis die Aprikosen weich und musig sind.

Von der Kochstelle nehmen und im Mixer glattpürieren. Mit Mayonnaise und saurer Sahne vermischen und Putenfleisch, Nudeln sowie Mandeln unterheben.

Eine Servierplatte mit den Salatblättern auslegen und den Salat darauf anrichten. Mit den Aprikosenscheiben garniert servieren.

NÄHRWERTANGABEN

Für 4 Personen
Portionsgröße 260 g
407 kcal/1703 kJ

Protein insgesamt	24,5 g
Kohlenhydrate insgesamt	24,9 g
Zucker	8,1 g
Fett insgesamt	21,4 g
Ges. Fettsäuren	4,6 g
Mehrfach unges. Fettsäuren	6,4 g
Einfach unges. Fettsäuren	9,2 g
Ballaststoffe	2,7 g
Natrium	184 mg
Cholesterin	63 mg

Pasta niçoise mit Balsamessig-Dressing

Wer Balsamessig noch nicht kennt, sollte dieses Rezept unbedingt ausprobieren. Der aromatische, dunkle Essig mit bittersüßem Geschmack, der mindestens 5 Jahre in Holzfässern reift, verleiht diesem Salat seine besondere Note.

Salat
- 200 g grüne Bohnen, geputzt
- 1 Dose Thunfisch (185 g), abgetropft
- 300 g gegarte frische Pasta wie Fusilli
- 2 EL frische glattblättrige Petersilie, gehackt
- 2 große Tomaten, in Scheiben geschnitten
- 2 hartgekochte Eier, gepellt und in Scheiben geschnitten
- 50 g konservierte Anchovisfilets, abgetropft (falls gewünscht gewässert)
- 50 g schwarze Oliven, entsteint

Dressing
- 5 EL natives Olivenöl extra
- 1 TL flüssiger Honig
- 1 TL körniger Senf
- Salz und frisch gemahlener schwarzer Pfeffer
- 2 EL Balsamessig

Die Bohnen in leicht gesalzenem kochendem Wasser 4–5 Min. garen, bis sie gerade weich sind. Abtropfen lassen und in kaltes Wasser tauchen. Wieder abtropfen lassen und beiseite stellen. Den abgetropften Thunfisch in kleine Stücke teilen.

Nudeln und gehackte Petersilie vermischen und in eine flache Schüssel geben. Bohnen, Tomaten, Thunfisch, Eier, Anchovisfilets und Oliven hübsch darauf anrichten.

Die Zutaten für das Dressing in ein Glas mit Schraubverschluß geben und kräftig schütteln. Unmittelbar vor dem Servieren über den Salat gießen.

NÄHRWERTANGABEN

Für 4 Personen
Portionsgröße 300 g
377 kcal/1577 kJ

Protein insgesamt	22,8 g
Kohlenhydrate insgesamt	22,9 g
Zucker	6,3 g
Fett insgesamt	22,2 g
Ges. Fettsäuren	3,3 g
Mehrfach unges. Fettsäuren	2,2 g
Einfach unges. Fettsäuren	12,5 g
Ballaststoffe	2,8 g
Natrium	1099 mg
Cholesterin	144 mg

Nudelsalat mit Melone und Huhn

Bereiten Sie diesen erfrischenden Salat mit mehreren Sorten Melone zu, denn unterschiedliche Farben verleihen ihm zusätzlichen Reiz.

NÄHRWERTANGABEN

Für 4 Personen
Portionsgröße 300 g
337 kcal/1406 kJ

Protein insgesamt	19,9 g
Kohlenhydrate insgesamt	22,3 g
Zucker	10,1 g
Fett insgesamt	19,1 g
Ges. Fettsäuren	7 g
Mehrfach unges. Fettsäuren	1,5 g
Einfach unges. Fettsäuren	9,4 g
Ballaststoffe	2,5 g
Natrium	164 mg
Cholesterin	61 mg

Salat
- 350 g Melone (verschiedene Sorten), Kerne entfernt und in kleine Würfel geschnitten
- 200 g geräuchertes Hühnerfleisch, in Streifen geschnitten
- 225 g gegarte frische Pilz-Pasta
- 1 große Orange, geschält und filetiert
- frische Spinatblätter
- 2 EL geriebener Greyerzer
- Orangenzesten zum Garnieren

Dressing
- 4 EL saure Sahne
- 1 TL körniger Senf
- 3 EL natives Olivenöl extra
- 2 EL Champagner- oder Weißweinessig

Melonen-Würfel in eine Schüssel geben. Hühnerfleisch-Streifen, Pasta und Orangenschnitze unter die Melone heben. Die Spinatblätter auf einer Servierplatte anrichten.

Für das Dressing die saure Sahne in eine Schüssel geben und mit dem Senf verquirlen. Nach und nach das Olivenöl, dann den Essig unterrühren.

Den Salat auf dem Spinat anrichten, mit geriebenem Käse bestreuen und mit Zesten garnieren, dann servieren. Das Dressing getrennt reichen.

Nudelsalat mit Räucherlachs und Himbeeren

Die Kombination von Süßem und Pikantem ist besonders apart. Reife, süße Himbeeren und herzhafter Räucherlachs machen diesen Salat zu einem interessanten Geschmackserlebnis.

NÄHRWERTANGABEN

Für 4 Personen
Portionsgröße 190 g
292 kcal/1217 kJ

Protein insgesamt	12,2 g
Kohlenhydrate insgesamt	15,4 g
Zucker	3,1 g
Fett insgesamt	20,4 g
Ges. Fettsäuren	6,5 g
Mehrfach unges. Fettsäuren	3,4 g
Einfach unges. Fettsäuren	9,3 g
Ballaststoffe	1,6 g
Natrium	542 mg
Cholesterin	32 mg

Dressing
- 4 EL Himbeeressig
- 3 EL natives Olivenöl extra
- 1 EL Walnußöl
- 1 TL Senf
- 4 EL saure Sahne

Salat
- 225 g frische Pasta wie Kräuter-Fusilli
- 6 Frühlingszwiebeln, geputzt
- 100 g Räucherlachs
- 100 g frische Himbeeren
- 50 g Brunnenkresse, gewaschen
- frisch geriebener Pecorino Romano

Für das Dressing Essig, Olivenöl, Walnußöl und Senf gut mischen, dann die saure Sahne unterrühren. Abdecken und für 30 Min. in den Kühlschrank stellen.

Die Nudeln in reichlich kochendem Salzwasser in 1–2 Min. »al dente« garen. Abtropfen lassen und wieder in den Topf geben.

In der Zwischenzeit die Frühlingszwiebeln schräg in Scheiben und den Räucherlachs in Streifen schneiden, die Himbeeren verlesen. Frühlingszwiebeln, Lachs, Himbeeren und Brunnenkresse zu den gegarten Nudeln geben, dann das Dressing unterheben. Den Salat mit dem frisch geriebenen Käse bestreut servieren.

Nudelsalat mit Melone und Huhn

Nudelsalat mit Feigen und Prosciutto

Wenn frische Feigen auf den Markt kommen, sollten Sie dies ausnutzen. Ob grün oder violett, ihr weiches, köstliches Fleisch und ihr hübsches Aussehen machen sie zur idealen Salatzutat.

NÄHRWERTANGABEN

Für 4 Personen
Portionsgröße 315 g
267 kcal/1120 kJ

Protein insgesamt	8,7 g
Kohlenhydrate insgesamt	29,1 g
Zucker	16,9 g
Fett insgesamt	13,7 g
Ges. Fettsäuren	2,4 g
Mehrfach unges. Fettsäuren	1,4 g
Einfach unges. Fettsäuren	9 g
Ballaststoffe	3,8 g
Natrium	588 mg
Cholesterin	5 mg

Salat
- 1 Stück Salatgurke (8 cm)
- Salz
- 100 g Prosciutto, in Scheiben geschnitten
- 2 reife Birnen
- 1 EL Orangensaft
- 100 g Rauke
- 225 g gegarte frische Pasta wie Fusilli
- 4 frische reife Feigen, in Scheiben geschnitten
- eßbare Blüten wie Stiefmütterchen, Kapuzinerkresse und Primeln (nach Belieben)

Dressing
- 3 EL Orangensaft
- 4 EL natives Olivenöl extra
- 1 TL flüssiger Honig
- 1–2 TL Senf
- frisch gemahlener schwarzer Pfeffer

Die Gurke schälen und in dünne Scheiben schneiden. Mit Salz bestreuen und 30 Min. stehen lassen. Unter fließendem kaltem Wasser abspülen und mit Küchenpapier trockentupfen. Mit dem Prosciutto in eine Schüssel geben.

Die Birnen waschen. Nach Entfernen des Kerngehäuses in dünne Scheiben schneiden. Mit dem Orangensaft beträufeln und in die Schüssel geben. Große Raukeblätter zerzupfen und die Rauke mit den Nudeln in die Schüssel geben. Die Zutaten behutsam mischen.

Feigen ebenfalls unterheben. Den Salat auf einer Servierplatte anrichten.

Die Zutaten für das Dressing gut mischen und über den Salat gießen. Den Salat mit eßbaren Blüten garnieren und servieren.

Nudelsalat mit Tomaten-Tapenade

Tapenade, den würzigen Brotaufstrich aus pürierten schwarzen Oliven, Kapern, Knoblauch, Zitronensaft und Olivenöl, findet man überall im Mittelmeerraum. Mit Olivenöl verdünnt wird sie zu einer Sauce für gegrilltes Gemüse.

NÄHRWERTANGABEN

Für 4 Personen
Portionsgröße 220 g
679 kcal/2818 kJ

Protein insgesamt	11,7 g
Kohlenhydrate insgesamt	35,5 g
Zucker	1,8 g
Fett insgesamt	55,6 g
Ges. Fettsäuren	8 g
Mehrfach unges. Fettsäuren	7 g
Einfach unges. Fettsäuren	34,2 g
Ballaststoffe	3,4 g
Natrium	2006 mg
Cholesterin	89 mg

Tapenade
- 250 g schwarze Oliven, entsteint
- 6 sonnengetrocknete Tomaten
- 50 g Kapern
- 1 EL frische Petersilie, gehackt
- 2 Knoblauchzehen, abgezogen und zerdrückt
- 1 TL körniger Senf
- 50 g konservierte Anchovisfilets (falls gewünscht gewässert)
- 150 ml natives Olivenöl extra
- frisch gemahlener schwarzer Pfeffer

Zum Servieren
- 225 g frische Pasta wie Kräuter-Farfalle
- Römischer Salat
- Brunnenkresse
- 2 EL frisch geröstete Croûtons
- 50 g Kirschtomaten, halbiert

Für die Tomaten-Tapenade Oliven, sonnengetrocknete Tomaten, Kapern, Petersilie, Knoblauch, Senf und Anchovis mit ihrem Öl im Mixer zu einer dicken Paste verarbeiten. Bei laufendem Motor nach und nach das Olivenöl in einem dünnen Strahl zufügen, so daß ein dickes Püree entsteht. Nach Geschmack pfeffern und beiseite stellen.

Die Nudeln in reichlich kochendem Salzwasser in 1–2 Min. »al dente« garen. Abtropfen lassen und wieder in den Topf geben.

In der Zwischenzeit Salat und Brunnenkresse waschen und mit ihnen eine Salatschüssel auslegen. Die Tapenade unter die Nudeln heben. Den Salat in der Schüssel anrichten, mit den Croûtons bestreuen und mit den Tomaten garnieren.

Nudelsalat mit Feigen und Prosciutto

Nudelsalat mit Waldpilzen

Nudelsalat mit Waldpilzen

Mit einigen zugefügten Garnelen wird dieser Salat noch gehaltvoller.

Salat
- 125 ml natives Olivenöl
- 4 Schalotten, in Scheiben geschnitten
- 2–3 Knoblauchzehen, in Scheiben geschnitten
- 1–2 Serrano-Chillies, entkernt
- 4 sonnengetrocknete Tomaten, gehackt
- 300 g gemischte Waldpilze wie Austernpilze oder Pfifferlinge, geputzt und in Scheiben geschnitten
- 4 EL trockener Weißwein
- Salz und frisch gemahlener schwarzer Pfeffer
- 1–2 TL Trüffelöl
- verschiedene bittere Salatgemüse wie Rauke, Spinat, Brunnenkresse und Sauerampfer

Zum Servieren
- 225 g frische Rigatoni
- etwas gehobelte schwarze Trüffeln (nach Belieben)
- glattblättrige Petersilie zum Garnieren

Das Olivenöl in einer Pfanne erhitzen. Schalotten, Knoblauch und in Scheiben geschnittene Chillies darin 2 Min. dünsten. Sonnengetrocknete Tomaten und Pilze zufügen und 3 Min. garen. Weißwein sowie Salz und Pfeffer zugeben und 3–4 Min. köcheln lassen, bis die Pilze gerade weich sind.

Die Nudeln in reichlich kochendem Salzwasser 1–2 Min. »al dente« garen. Abtropfen lassen und in den Topf geben. Trüffelöl den Nudeln zufügen und 1 Min. erhitzen, dabei vorsichtig rühren. Die Pilzmischung zugeben.

Eine Salatschüssel mit den Salatblättern auslegen und den Nudelsalat darauf anrichten. Sofern verwendet, mit den frisch gehobelten Trüffeln bestreuen und mit Petersilie garnieren.

NÄHRWERTANGABEN

Für 4 Personen
Portionsgröße 225 g
500 kcal/2078 kJ

Protein insgesamt	8,4 g
Kohlenhydrate insgesamt	31,7 g
Zucker	2,2 g
Fett insgesamt	37,7 g
Ges. Fettsäuren	5,6 g
Mehrfach unges. Fettsäuren	4,8 g
Einfach unges. Fettsäuren	25 g
Ballaststoffe	1,7 g
Natrium	202 mg
Cholesterin	89 mg

Nudelsalat mit Ente

Dieser Salat eignet sich ausgezeichnet dafür, übriggebliebenen Entenbraten zu verwerten. Man kann aber auch gebratene Entenbrust verwenden.

- 225 g frische Farfalle
- 4 EL natives Olivenöl
- 100 g Pancetta oder magerer Räucherspeck ohne Rinde, in Streifen geschnitten
- 3 EL trockener Weißwein
- 1 EL Weißweinessig
- Salz und frisch gemahlener schwarzer Pfeffer
- 250 g gebratenes Entenfleisch, in Streifen geschnitten
- 100 g Greyerzer, gewürfelt
- 1 große Orange, geschält und filetiert
- grobgehackte frische glattblättrige Petersilie
- Salatblätter
- halbierte Kumquats zum Garnieren

Die Farfalle in kochendem Salzwasser 1–2 Min. »al dente« garen. Abtropfen lassen und in eine Schüssel geben. Das Olivenöl darübergießen und unterheben.

In der Zwischenzeit die Pancetta in einer beschichteten Pfanne behutsam garen, bis sie kroß ist. Weißwein und Essig zufügen und 2 Min. köcheln lassen, dabei gelegentlich rühren.

Pancetta und Flüssigkeit mit Salz und Pfeffer nach Geschmack, Entenfleisch, Greyerzer, Orangenschnitzen und gehackter Petersilie zu den Nudeln geben und unterheben.

Eine Servierplatte mit den Salatblättern auslegen und den Nudelsalat darauf anrichten. Mit halbierten Kumquats garniert servieren.

NÄHRWERTANGABEN

Für 4 Personen
Portionsgröße 240 g
520 kcal/2172 kJ

Protein insgesamt	31,3 g
Kohlenhydrate insgesamt	32,8 g
Zucker	4,3 g
Fett insgesamt	29,4 g
Ges. Fettsäuren	9 g
Mehrfach unges. Fettsäuren	2,7 g
Einfach unges. Fettsäuren	15,7 g
Ballaststoffe	2 g
Natrium	830 mg
Cholesterin	177 mg

Warmer Nudelsalat mit Avocado und Schinken

Heutzutage bietet der Handel ein reichhaltiges Angebot an Nahrungsmitteln aus aller Welt an. Dieses Rezept enthält verschiedene landestypische Zutaten, deren Aromen ausgezeichnet miteinander harmonieren.

NÄHRWERTANGABEN

Für 4 Personen
Portionsgröße 235 g
594 kcal/2471 kJ

Protein insgesamt	14,8 g
Kohlenhydrate insgesamt	36,1 g
Zucker	5,3 g
Fett insgesamt	44,6 g
Ges. Fettsäuren	7,3 g
Mehrfach unges. Fettsäuren	6,9 g
Einfach unges. Fettsäuren	27,7 g
Ballaststoffe	4,9 g
Natrium	654 mg
Cholesterin	93 mg

Salat
- 2 reife, aber feste Avocados
- 3 EL Limettensaft
- 4 EL natives Olivenöl extra
- 1 rote Zwiebel, in schmale Spalten geschnitten
- 100 g Pekannußhälften
- 1 EL Ahornsirup
- 100 g Parmaschinken, in Streifen geschnitten
- Salz und frisch gemahlener schwarzer Pfeffer
- Radicchio- und Chicoréeblätter

Zum Servieren
- 225 g frische Pasta wie Brandelle
- glattblättrige Petersilie

Die Avocados schälen, entsteinen und würfeln. In eine Schüssel geben und mit dem Limettensaft beträufeln. Beiseite stellen.

Das Öl in einer Pfanne erhitzen und die Zwiebel scharf anbraten. Die Hitze reduzieren. Die Pekannüsse zufügen und 1 Min. braten. Von der Kochstelle nehmen. Dann die Avocados mit Limettensaft, Ahornsirup und Parmaschinken zugeben und 2 Min. erhitzen.

Die Nudeln »al dente« garen. Abtropfen lassen und wieder in den Topf geben. Die Avocadomischung darübergeben und mit Salz und Pfeffer abschmecken. 2 Min. erhitzen, dabei vorsichtig rühren.

In der Zwischenzeit eine Servierplatte mit Radicchio- und Chicoréeblättern auslegen und den Salat darauf anrichten. Mit Petersilie garniert servieren.

Nudelsalat mit Petersilie und Zitrone

Dieser köstliche Salat läßt sich rasch und einfach zubereiten. Sein Geschmack bietet eine erfrischende Abwechslung.

NÄHRWERTANGABEN

Für 4 Personen
Portionsgröße 175 g
402 kcal/1680 kJ

Protein insgesamt	13,9 g
Kohlenhydrate insgesamt	33,7 g
Zucker	4,9 g
Fett insgesamt	24,6 g
Ges. Fettsäuren	5,7 g
Mehrfach unges. Fettsäuren	4,2 g
Einfach unges. Fettsäuren	10,7 g
Ballaststoffe	1,7 g
Natrium	791 mg
Cholesterin	98 mg

Dressing
- 2 EL frische glattblättrige Petersilie, gehackt
- 1 EL frische Minze, gehackt
- abgeriebene Schale von 1 unbehandelten Zitrone
- 2 Knoblauchzehen, abgezogen und zerdrückt
- 3 EL natives Olivenöl extra
- 6 EL griechischer Joghurt
- 2–3 EL Pinienkerne, geröstet
- Salz und frisch gemahlener schwarzer Pfeffer

Salat
- 225 g frische Pasta wie Pilz-Fusilli
- 50 g junge Spinatblätter, gewaschen
- 2 EL Kapern
- 50 g konservierte Anchovisfilets, abgetropft (falls gewünscht gewässert)

Petersilie, Minze, abgeriebene Zitronenschale, Knoblauch und Öl im Mixer zu einer dicken Paste verarbeiten. Bei laufendem Motor langsam den Joghurt untermischen, um ein mayonnaiseähnliches dickes Dressing herzustellen. In eine Schüssel geben und Pinienkerne sowie Salz und Pfeffer nach Geschmack unterrühren. Beiseite stellen.

Die Nudeln in reichlich kochendem Salzwasser in 1–2 Min. »al dente« garen. Abtropfen lassen und wieder in den Topf geben. Das Dressing zufügen und unterheben.

Eine Schüssel mit Spinatblättern auslegen und den Salat darauf anrichten. Mit Kapern bestreuen und mit Anchovis garnieren. Dann servieren.

Neuntes Kapitel

Desserts

Auch wenn Pasta hauptsächlich pikant zubereitet wird, kann man sie ebenfalls für Desserts verwenden. In diesem Kapitel werden einige recht ausgefallene Süss-Speisen vorgestellt – von Schokoladen-Bandnudeln mit Orangen bis zu Fettuccine mit Ahornsirup. Wer ein Menü mit Pasta-Dessert plant, sollte besser ein leichteres Hauptgericht wählen.

Schokoladen-Bandnudeln mit Orangen

In diesem Rezept wird Schokolade mit in Weinbrand eingelegten Orangen kombiniert, um ein einfaches, aber ungewöhnliches Dessert zuzubereiten, das sich auch für besondere Anlässe eignet.

NÄHRWERTANGABEN

Für 4 Personen
Portionsgröße 280 g
391 kcal/1651 kJ

Protein insgesamt	10,2 g
Kohlenhydrate insgesamt	65,4 g
Zucker	36,6 g
Fett insgesamt	9,9 g
Ges. Fettsäuren	3,3 g
Mehrfach unges. Fettsäuren	1,2 g
Einfach unges. Fettsäuren	4,3 g
Ballaststoffe	4,3 g
Natrium	130 mg
Cholesterin	93 mg

- 4 große Orangen
- 50 g Zucker
- 2–3 EL Weinbrand
- 2–3 ganze Nelken
- 225 g Schokoladen-Fettuccine
- 1 EL Mandelblättchen, geröstet
- 1 EL Puderzucker, gesiebt
- leicht geschlagener Doppelrahm oder griechischer Joghurt

Die Orangen schälen, filetieren, in Stücke schneiden und in eine Glasschüssel geben.

In einem schweren Topf den Zucker bei mittlerer Hitze in 150 ml Wasser auflösen. Zum Kochen bringen und 5 Min. köcheln lassen, bis ein dünner Sirup entstanden ist.

Den Topf von der Kochstelle nehmen und Weinbrand und Nelken hineinrühren. Über die Orangen gießen. Mindestens 2 Std. ziehen lassen, dabei die Orangen immer wieder wenden.

Die Schokoladen-Fettuccine in reichlich kochendem Wasser in 1–2 Min. »al dente« garen. Abtropfen lassen und auf Portionsteller verteilen. Die Orangen daraufgeben und die Mandelblättchen darüberstreuen. Die Zutaten durchheben und mit Puderzucker bestäuben. Mit Rahm oder Joghurt servieren.

Schokoladen-Tagliatelle mit Rosen-Sahne

Wenn man unter frisch geschlagene Sahne etwas Rosenwasser hebt, erhält sie ein zartes Aroma, das gut zu den hier verwendeten Himbeeren und der Schokolade paßt.

NÄHRWERTANGABEN

Für 4 Personen
Portionsgröße 185 g
491 kcal/2050 kJ

Protein insgesamt	11,3 g
Kohlenhydrate insgesamt	39 g
Zucker	9,9 g
Fett insgesamt	33,5 g
Ges. Fettsäuren	14,5 g
Mehrfach unges. Fettsäuren	4,2 g
Einfach unges. Fettsäuren	12,6 g
Ballaststoffe	4,2 g
Natrium	186 mg
Cholesterin	138 mg

Dessert

- 25 g ungesalzene Pistazienkerne
- 150 ml Doppelrahm oder Crème double
- 1 EL Rosenwasser
- 300 g frische Himbeeren
- 225 g frische Schokoladen-Tagliatelle

Zum Garnieren

- Rosenblütenblätter

Den Backofen auf 200 °C vorheizen und die Pistazien 10 Min. rösten. Herausnehmen, abkühlen lassen und grob hacken.

Den Rahm schlagen, bis sich weiche Spitzen bilden, dann das Rosenwasser unterrühren. Bis zum Gebrauch kalt stellen. Die Himbeeren verlesen, waschen und auf Küchenpapier trocknen lassen.

Die Nudeln in reichlich kochendem Wasser in 1–2 Min. »al dente« garen. Abtropfen lassen und die Sahne unterrühren, dann mit den Himbeeren zu kleinen Nestern arrangieren. Mit den gehackten Pistazien bestreuen und mit Rosenblütenblättern garnieren. Sofort servieren.

Schokoladen-Bandnudeln mit Orangen

Fettuccine mit Ahornsirup

Fettuccine mit Ahornsirup

Wenn man Pasta für Süßspeisen verwendet, gart man sie in ungesalzenem Wasser und schwenkt sie dann in zerlassener Butter. Hier werden die Nudeln mit gerösteten Nüssen vermischt und mit Ahornsirup übergossen – gewiß kein Rezept für Kalorienbewußte!

Dessert
- 100 g gemischte Nußkerne, etwa Pekannüsse, abgezogene Haselnüsse und blanchierte Mandeln
- 50 g Butter
- 1 TL gemahlener Zimt
- 4 EL Ahornsirup
- 225 g frische Fettuccine

Zum Garnieren
- frische Erdbeeren
- Minzestengel

Den Backofen auf 200 °C vorheizen und die Nüsse 10 Min. rösten, bis sie goldbraun sind. Herausnehmen und abkühlen lassen.

Die Butter in einem Topf zerlassen und gemahlenen Zimt, Ahornsirup und Nüsse unterrühren.

In der Zwischenzeit die Fettuccine in reichlich kochendem Wasser in 1–2 Minuten »al dente« garen. Abtropfen lassen und wieder in den Topf geben. Die Nußmischung unterheben. Mit fächerförmig geschnittenen Erdbeeren und Minzestengeln garniert sofort servieren.

NÄHRWERTANGABEN

Für 4 Personen
Portionsgröße 140 g
472 kcal/1967 kJ

Protein insgesamt	10,3 g
Kohlenhydrate insgesamt	42,3 g
Zucker	12,2 g
Fett insgesamt	30,2 g
Ges. Fettsäuren	9 g
Mehrfach unges. Fettsäuren	4,2 g
Einfach unges. Fettsäuren	15,1 g
Ballaststoffe	3 g
Natrium	180 mg
Cholesterin	117 mg

Farfalle mit Kardamom

Vanillezucker kann man leicht selbst herstellen. Man gibt einfach 1–2 Vanilleschoten in ein Schraubglas mit Zucker und läßt dieses 2 Wochen stehen. Da der Zucker immer wieder aufgefüllt werden kann, reicht er monatelang.

- 600 ml fettreduzierte Milch
- 1 Ei
- 50 g Vanillezucker
- 6 Kardamomschoten, aufgeschlitzt
- 225 g frische Farfalle, getrocknet
- 2 EL Butter

Den Backofen auf 170 °C vorheizen und eine ofenfeste Form dünn ausbuttern. Die Milch anwärmen. Das Ei mit dem Vanillezucker verquirlen, dann nach und nach die angewärmte Milch unterrühren. Den Kardamom zufügen.

Die Nudeln in die Form geben und die Eiermilch darübergießen. Kleine Butterflöckchen daraufsetzen. Etwa 45 Min. im Ofen backen, bis die Nudeln gar sind, zwischendurch gelegentlich umrühren. Warm servieren.

NÄHRWERTANGABEN

Für 4 Personen
Portionsgröße 240 g
348 kcal/1468 kJ

Protein insgesamt	13,1 g
Kohlenhydrate insgesamt	49,6 g
Zucker	21 g
Fett insgesamt	12,4 g
Ges. Fettsäuren	5,6 g
Mehrfach unges. Fettsäuren	1 g
Einfach unges. Fettsäuren	4,6 g
Ballaststoffe	1,2 g
Natrium	222 mg
Cholesterin	170 mg

Orangen-Spaghettini mit Früchten

Falls gewünscht kann für dieses Gericht auch nicht-aromatisierte Pasta oder Schokoladen-Pasta verwendet werden. Wenn Sie aromatisierte Pasta herstellen, sollten Sie die doppelte Menge zubereiten und die Hälfte für den späteren Gebrauch einfrieren.

NÄHRWERTANGABEN

Für 4 Personen
Portionsgröße 95 g
305 kcal/1279 kJ

Protein insgesamt	4,5 g
Kohlenhydrate insgesamt	50,9 g
Zucker	31,3 g
Fett insgesamt	10,1 g
Ges. Fettsäuren	5,9 g
Mehrfach unges. Fettsäuren	0,5 g
Einfach unges. Fettsäuren	2,8 g
Ballaststoffe	1 g
Natrium	145 mg
Cholesterin	82 mg

- 100 g Orangen-Spaghettini
- 1 Ei
- 2 EL flüssiger Honig (oder nach Geschmack)
- ½ TL gemahlener Zimt
- 50 g Butter, zerlassen
- 50 g Rosinen
- 50 g kandierte Kirschen, gehackt
- 50 g kandierte Engelwurz oder andere kandierte Früchte, gehackt
- 1–2 TL Puderzucker, gesiebt

Den Backofen auf 200 °C vorheizen und eine ofenfeste Form dünn ausbuttern. Die Nudeln in reichlich kochendem Wasser in 1 Min. »al dente« garen. Abtropfen lassen, unter fließendem heißem Wasser abspülen und wieder gut abtropfen lassen.

Das Ei mit Honig und Zimt verquirlen. Abgetropfte Pasta und zerlassene Butter unterrühren. Rosinen, Kirschen und Engelwurz vermischen.

Die Hälfte der Nudelmischung in der gebutterten Form verteilen und mit der Rosinenmischung bedecken. Die restlichen Nudeln daraufgeben. 25 Min. im Ofen backen. Warm mit Puderzucker bestreut servieren.

Kokos-Spaghettini

Dieses Rezept basiert auf einer traditionellen indischen Nachspeise, die gewöhnlich am Ende des Fastenmonats Ramadan serviert wird.

NÄHRWERTANGABEN

Für 4 Personen
Portionsgröße 240 g
434 kcal/1813 kJ

Protein insgesamt	10,7 g
Kohlenhydrate insgesamt	36 g
Zucker	22,5 g
Fett insgesamt	28,6 g
Ges. Fettsäuren	19,5 g
Mehrfach unges. Fettsäuren	1,7 g
Einfach unges. Fettsäuren	5,7 g
Ballaststoffe	5,2 g
Natrium	99 mg
Cholesterin	27 mg

- 600 ml Milch
- 2 grüne Kardamomschoten, aufgeschlitzt
- 1 EL Rosenwasser
- 100 g frische Spaghettini
- 4 EL flüssiger Honig
- 100 g Kokosraspel
- 25 g Mandelblättchen
- 50 g Trockenaprikosen, feingehackt
- 2–3 EL Doppelrahm oder Crème double

Die Milch mit dem Kardamom in einen Topf geben und zum Kochen bringen. Die Hitze reduzieren und die Milch 10 Min. ganz leise köcheln lassen, dabei ab und zu umrühren. Darauf achten, daß sie nicht anbrennt.

Rosenwasser und Spaghettini zufügen und einige Minuten rühren. Etwa 8 Min. köcheln lassen, dann den Honig zugeben. Die Hitze erhöhen und die Zutaten 2 Min. kochen lassen, dann die Hitze wieder so weit reduzieren, daß sie noch köcheln.

Kokosraspel, Mandeln und Aprikosen hineinrühren und den Topfinhalt noch einmal 20 Min. unter gelegentlichem Rühren köcheln lassen, bis die Mischung dick und cremig ist. Den Kardamom wegwerfen, den Rahm hineinrühren und 1 Min. erhitzen. Das Dessert warm servieren.

Orangen-Spaghettini mit Früchten